平凡社新書
1026

落語に学ぶ老いのヒント

長い老後をいかに生きるか

稲田和浩
INADA KAZUHIRO

HEIBONSHA

落語に学ぶ老いのヒント●目次

第四章　人生の終焉

第五章　最期まで健康に生きるには

はじめに

人生百年時代だそうだ。

そんなに生きないよ。いや、案外そうでもない。まわりにいるんだ。百歳。しかも元気な百歳が多い。

岡本文弥師匠（新内演奏家、一九九六年没百一歳）は百歳の時に中国政府に招待されて、北京、上海、蘇州などを訪ねた。木村若友師匠（浪曲師、二〇一一年没百歳）は百歳まで現役で舞台を務めていた。玉川裕子師匠（浪曲三味線、現役、百歳）は九十四歳でスマホデビュー、現在も舞台を務め、後進を指導し、エレベーターのない団地で自分で料理などの家事をこなし、元気に暮らしている。

もちろん個人差はあるんだろうが、生きる覚悟は持っていたほうがいい。

そうなった時にどう生きるかが鍵だ。多少仕事を減らしても現役で仕事を続けるのか、引退して暢気《のんき》に過ごすのか。いつ引退するのかも考えないといけない。六十歳で引退したら、四十年もあるんだ。暢気に過ごしていたら飽きるぞ。

いま、終活や老後の暮らしに注目が集まっている。人生百年時代、定年延長などで老人の労働力の活用などがいわれたり、雑誌などでもさまざまな老後の趣味の特集が組まれている。

そんななか、ふと思うのは、江戸時代の人たちは老後をどのように過ごしていたのか、また、老後の暮らしについて、どのように考えていたのだろうか、ということだ。

答えは簡単、老後の暮らしについては、あまり考えてはいなかった。だって、平均寿命は五十歳くらい。医療も発展していない時代、重い病気になれば高確率で死ぬ。老後のことを考えるより、いまを生きることに、皆、必死だった。

とはいえ、江戸の街に老人がいないわけではない。

「若いうちの苦労は買ってでもしろ」という。若いうちに苦労すると、晩年は幸福になれる。若いうちに苦労して早く死んじゃったら、苦労だけの人生だ。だから、長生きは望みだったし、買ってまでした苦労はそれが晩年に活かされることを、わりと皆、信じていた。

落語にはよく、ご隠居さんが出てくる。長屋の八公、熊公が交互にやって来ては無駄話をしていく。老人で経験豊富で知識があるから、雑学や生活の知恵（結婚式などの作法から、男女のこと）などいろいろと教えてくれる。

どうやって生きるのかが問われる時代、落語などに描かれる江戸の暮らしのなかに、老後のヒントがあるのではなかろうか。

第一章　〈ご隠居〉になるには

落語にはよく隠居が出てくる。

「横丁《よこちょう》のご隠居」といって、たいていは横丁に住んでいる。

横丁とはどこか。表通りから横に入った通りをいう。つまりメインストリートではない場所だ。

表通りではない場所に住んでいる隠居ということだ。

表通りの喧騒から離れて静かに暮らしている。

隠居とは何か。辞書によると、「世を避けて山野などに隠れ住むこと。官職を辞したり、稼業を譲って閑居すること」とあり、その他の意味として、「江戸時代の公家や武士の刑罰」ともある。

おもに年を取って、家族や後継者に道を譲り、悠々自適に暮らすこと。一部では、軽い犯罪や失策から職を解かれた公家や武士もそれにあたり、ようはそれまでの職責や権限から離れることをいうのだろう。

とはいえ、大きな商家や大名だと、庭の片隅に隠居所を建てて住んだりもする。大名だと城の二の丸、三の丸にある屋敷に退く。一応、表向きのことからは隠退するが、なるべく近くにいて現役世代をサポート、あるいは監視しようという意図で、目の届くところで隠居するのである。

一方で、江戸であれば、根岸や向島といった郊外の隠居所に住み、滅多に現役世代に干渉しないというのもあった。まさに隠れ住む閑居の身分になるわけだ。

晴耕雨読の心穏やかな日々を過ごす者もいれば、趣味に生きる人もいる。現役から離れて、煩わしい人間関係もない。時間もたっぷりあって自由。理想の生活のようにも思えるが、人によっては、毎日やることがなくて退屈だとか、現役の時のような権力がなくなり、人も訪ねてこなくなって寂しい、などと思うこともあったようだ。

一、隠居の暮らし

では、どのような暮らしをしていたのであろうか。

落語に出てくる隠居から、その暮らしぶりを見てみよう。

横丁の、そんなに広くない借家に居住している。妻帯している者もいる。独身の場合は妻と死別していることが多い。女中、小僧、下男などを雇っている場合もある。老人に家事負担は大変である。一方で、身の回りのことだけなので、案外自身でこなしている場合も多い。

落語の隠居のもとへは、いつも八五郎、熊五郎といった長屋の若い者、おそらく職人であろう人物が訪ねて来る。生活で困ったことを解決するために知恵を借りに来たりする場合もあれば、とくに用事もなく遊びに来る場合もある。

隠居は八五郎、熊五郎に茶や菓子をふるまい、時には酒を飲ませたりしながら、相談に応じたり、無駄話をしたりするのである。

「道灌」 横丁の隠居①

ストーリー：横丁の隠居のところへ八五郎が訪ねて来る。隠居の家には貼交《はりまぜ》の屏風があって、おもに歴史を題材にした絵が描かれている。八五郎は絵に何が描かれているのかを訊ねる。三方ヶ原の戦い、小野小町と深草少将、児島高徳、太田道灌の山吹の里が描かれた絵を隠居は丁寧に説明する。ほぼ隠居と八五郎の会話で物語が進む。

＊

演者により妻がいる場合といない場合がある。「ばぁさん、お茶を淹《い》れてくれ」と声を掛ける場合と、「いま、茶を淹れるから待っておくれ」という場合がある。妻がいない場合はおそらく死別であろう。

絵画収集という趣味があるが、高価な絵画を買いあさるのではない。絵画と同時に歴史も趣味なのであろう。歴史の場面が描かれた絵画を収集し、それを屏風に貼って眺めている。日常の手の届くところに好きな絵があり、日々それを眺めて心を癒している。

八五郎が訪ねて来る理由は、「仕事が半ちくになった」から。「半ちく」とは中途半端というような意味。つまり仕事が何かの事情で中断し、時間があいてしまったから、隠居のところに遊びに来た、ということだ。

つまり、隠居は日頃から、町内の人たちと交流をし、若い者が時間潰しに気楽に遊びに来る。遊びに来れば、お茶と羊羹を出し、若い者たちから世間話を聞き、自分は歴史などの知識を若い者に披露する、お互いにしばらくの共通時間を過ごし会話を楽しむ。そういう日常生活を送っているのだろう。

＊

五代目柳家小さん一門の前座噺。ほぼ二人の会話で物語が進むから、人物の使い分け、目線の位置などの練習になるネタ。洒落など言葉による笑いどころも多く、いい回しで笑いも取れる。全部やると四十分以上かかるが、それぞれの場所で切り取ると十分から十五分程度でできる前座噺らしい一席。だが、これをトリで聞かせられれば真打としても一人前といわれるネタでもある。

「子ほめ」 横丁の隠居②

ストーリー：隠居のところに灘の親戚から酒が送られてきた。「灘の酒」を「ただの酒（無料の酒）」と聞き間違えた八五郎が隠居のもとを訪ね、酒を無料で飲ませてくれという。隠居は「酒をご馳走になりたければ世辞のひとつもいえ」といい、世間でいう世辞のハウツーを教える。八五郎は近所の竹さんに赤ん坊が生まれたので、隠居に教わった世辞をいって酒をご馳走になろうと出掛ける。

＊

「道灌」と同じく横丁に住んでいる。

八五郎が隠居を訪ねる理由は酒を飲ませてもらうということだが、これも日頃からの交流があってのことだ。

隠居には親戚がいて、灘の酒を送ってもらえる。八五郎には余計な気遣いをさせないために親戚といっているだけで、隠居に恩を感じている人物なのだろう。江戸時代、酒は高価であるから、うまい酒を送ってもらえるのは、現役時代に世話をしたお礼であろう。隠居は現役時代に何かの便宜をはかれる地位にあったのかもしれない。

＊

これも前座噺の代表。二人の会話の練習だが、八五郎を軸に、隠居、通りすがりの男、番頭、竹さんといろんな人物と会話する。人物の使い分けの練習になる。オウム返しという、教わったことを真似て失敗するという落語に多いパターンで、笑いどころが盛りだくさんで、前座でも真打でも誰がやっても受けるネタである。

「つる」　横丁の隠居③

ストーリー：八五郎が隠居に、鶴という鳥はどうして鶴というのかと聞く。隠居は、鶴ははじめは「首長鳥」といったが、ある日、海の彼方から雄の首長鳥が「ツー」と飛んで来て、あとから雌が「ルー」と飛んで来て「ツル」になったと、いい加減な由来話をする。面白いと思った八五郎はこの話をよそでやって失敗する。

＊

八五郎が隠居の家を訪ねた時、こんな話をする。町内の床屋で隠居の噂が出た。「横丁の隠居はいい着物を着て、うまいものを食っているが、とくに働いている様子もなく、毎日、ぶらぶらしている。ことによったら泥棒じゃないか」。それに対して八五郎はいう。「隠居が泥棒なわけはない。三年前に辞めた」

町内の連中は「隠居」という存在を知らないのか。働かず裕福な人間がすべて怪しく見える。

三年前に辞めたというのは、泥棒を辞めて隠居の身ということだろう。泥棒は肉体労働だから、そこそこ金を貯めたら、早々に隠居したいと思うものかもしれない。

もちろん、この隠居は泥棒でも、引退した元泥棒でもない。隠居は息子夫婦に稼業を譲り隠居して、相応の「分米《ぶんまい》」をもらっている、という。分米とは、稼業の配当金のようなもの。息子夫婦から生活費をもらっているということだ。

＊

何かのものごとの由来を聞く「根問い」ものであり、それをよそでやって失敗するオウム返しネタでもある。

「鶴」はめでたい鳥であるから、お正月などに寄席で、短い時間で演じるのに都合のよいネタである。

「元犬」　裕福な隠居

ストーリー：犬のシロは人間になりたいと八幡様に願を掛けて、裸足詣りをし（犬なんだから裸足だ）人間になる。人間になったら働かなければいけない。口入屋（人材派遣業）の紹介で、ある隠居のもとに下男奉公する。

＊

この隠居は横丁でなく、そこそこの隠居所に住んでいる。妻はいない、おそらく死別であろう。女中と住んでいて、家事は女中がやっているが、男手が欲しいと、口入屋に下男の求人をしていた。

使い走りをしたりする下男が必要なのだろう。女中を置き、さらに下男も雇うというのだから、隠居でも相応の収入があるのだろう。現役は退いたものの、相談役のような非常勤の役職にあるのかもしれない。

＊

犬が人間になるというナンセンスなネタ。笑いだくさんの一席である。

「化け物使い」　人遣いの荒い隠居

ストーリー：あるお屋敷で下男を募集している。主人は人遣いが荒いと有名で、誰も行きたがらない。杢助という男が奉公をするが、屋敷の主人である隠居は次々に用事をいいつける。掃除や荷物運び、使い走りだが、杢助は文句ひとついわず黙々と仕事をこなす。三年が過ぎたある日、隠居が別の屋敷に引っ越すという。引っ越し先は化け物が出るという噂の格安物件。引っ越しを終えた杢助は、人遣いの荒いのは別に構わないが、化け物は怖いと昼間のうちに辞めてしまう。夜、化け物が現れるが、杢助がいないので、隠居は化け物にあれこれ用事をいいつける。

＊

かなり大きな屋敷に独りで住んでいる。妻はいない。死別ではなく、人遣いが荒いから出ていったのかもしれない。

引っ越すくらいだから屋敷は先祖代々住んでいるわけでもなく、藩から拝領した屋敷でもないようだ。隠居して、この屋敷を借りたようだ。

隠居は元は武士らしい。威張っているし、命令慣れしている。そして、この屋敷には用事が多い。おそらくこの隠居は、身分は隠居でありながら、どこかの藩か大店《おおだな》の相談役的な地位にいるのだろう。相応の収入があるから、屋敷も借りられる。

来客は描かれていないが、よく手紙のやりとりはしているようだ。

＊

大ネタのひとつ。化け物にも一切動じない隠居というのも、なかなかスゴいが、化け物も逃げ出したくなる隠居に仕えていた杢助のほうこそ、並の人間ではない。

「加賀の千代」 大店の隠居

ストーリー：甚兵衛は暮れの支払いができずに困っている。女房のお光は、甚兵衛を可愛がってくれている横丁の隠居に借りればいいという。だが、甚兵衛はすでに隠居から金を借りているので、新たに貸してくれとはいいにくい。

＊

隠居は横丁に住んでいるが、妻もいて、使用人（小僧）もいる。元は大店の主人であったと思われる。

借金に来た甚兵衛がなかなか金額をいわないので、よほどの大金が必要だと勘違いした隠居は、お店に小僧を走らせて、息子に大金を用意するよう命じたりする。

息子が継いだ店のわりと近所に住み、大金がいる時にはすぐに用意もできる身分の隠居なのだろう。


隠居と甚兵衛の人間関係が面白いネタ。

＊

「茶の湯」 根岸の隠居

ストーリー：蔵前の米問屋の主人が根岸の里に隠居した。小僧（定吉）をひとり話し相手と雑用係に連れて来ているが、退屈な毎日。前の住人が茶の湯をやっていたらしく茶道具があるので、茶の湯をやろうと思うが、隠居は茶の湯の知識がまるでなかった。でも「知らない」といえないので、自己流でとんでもない茶の湯をはじめる。

＊

根岸の里、いまの鶯谷に隠居をしているのだから、江戸時代は郊外である。まわりは田畑で、農業をしている住人もいる。

隠居所には家作（貸し家）があり、そこを貸して家賃収入も得ている。本家からの分米もあり、小僧も連れて来ている。かなり裕福である。

一方で根が商人であるから、計算高いところもあり、茶の湯で菓子に金がかかり過ぎると、独自の饅頭（食べられないレベル）をつくったりもしている。それが爆笑のオチにつながる。

しかし、根岸の里で訪ねて来る人もなく、とにかく退屈。退屈というよりも、やはり寂しかったのかもしれない。茶の湯をはじめたことで、家作の人たちにふるまい、また、噂を聞いて訪ねて来る人も増えた。現役の人たちと交わることが、老後の元気にもつながるのだろう。現役世代には少し迷惑かもしれないが、根岸まで訪ねて来てくれたら、やはり隠居は嬉しい。

爆笑ネタである。

＊

「甲府い」　現役世代との関わり方

ストーリー：甲府から江戸へ出て来た善吉は、スリに路銀を盗られて困っていたところ、縁があって豆腐屋に奉公することになる。勤勉な善吉は店の主人に見込まれて、娘の婿となり、豆腐屋の跡を継ぐ。主人夫婦は近所に隠居をする。善吉は甲府を出る時に、江戸での成功を日蓮宗の聖地、身延に願掛けしたので、そのお礼参りに妻を連れて旅立つ。

＊

豆腐屋の主人夫婦は娘夫婦に店を任せて隠居した。それなりの隠居所に住み、近くにあるから、何かと娘夫婦の相談に乗ったりもしている。娘夫婦が身延に行くので数日店を休む間は、隠居夫婦が店番をするという。

おそらく豆腐屋夫婦は年を取ったから隠居をしたのではなく、娘婿の善吉を気遣い、あとはお前に任せたよ、と経営から身を退いたのであろう。

隠居をしても忙しい時は手を貸したりもする。むしろ、たまに店を手伝うのが楽しみだったりもしている。善吉たちが身延に行くと聞けば、喜んで「店は任せてくれ」といえる。元気なうちに隠居しているから、夫婦で時々寺詣りをしたりもしているのだろう。よい婿に恵まれたことで、それなりに楽しい隠居生活を送っているのだろう。

＊

人の優しさ、気遣いが感じられる、いい噺である。

「もう半分」　貧しい老人が隠居をするには

　ストーリー：千住大橋の袂にある居酒屋。客の老人が風呂敷包みを忘れた。主人がなかを改めると五十両の大金が入っていた。居酒屋の主人夫婦は金をネコババし、探しに来る老人に、「風呂敷なんかなかった」という。悲観した老人は川に身を投げて死ぬ。

＊

　隠居は裕福な人ばかりではない。

　老人は棒手《ぼて》振りの八百屋。棒手振りとは天秤棒で笊《ざる》に入れた荷を担いで売り歩く小商人《こあきんど》。八百屋は、芋やかぼちゃ、いろんな野菜を売り歩くので、かなりの重労働だった。

　老人には娘が一人いた。体が辛い老人をなんとか楽させてやりたい。隠居をする金を用意しようと、娘は吉原に身売りをし、つくった金が五十両だった。

　その金をうっかり居酒屋に忘れた。そんな大金を持って居酒屋に寄り道をする老人が悪いのだが、あまりにも悲惨な話である。

＊

　怪談噺で、このあと、居酒屋の女房が生んだ赤ん坊に、老人が乗り移る。居酒屋の主人が「おじいさんが可哀想だ。金を返そう」というのを、女房は「金を返したら、私たちが可哀想だよ」といい返す。おじいさんも居酒屋夫婦も、貧乏ゆえの哀れな悲劇である。

「松竹梅」　教える隠居①

ストーリー：お店の婚礼に呼ばれた、松太郎、竹次郎、梅三郎の三人。なんで呼ばれたかというと、三人揃うと「松竹梅」で縁起がいい。「いるだけでいい」といわれたが、なんかやらなきゃいけないだろうと、三人揃って隠居のところへ相談に行く。隠居は縁起のよい余興を教える。

＊

隠居に若い者が何かを習って失敗する噺は多い。「道灌」「子ほめ」もだが、この噺はわざわざ習いに行く。

隠居は謡《うたい》の先生でも音曲の師匠でもないが、こうした余興も一般常識として身につけている。だから町内の連中も頼りにしている。

＊

類似噺に、長屋の男が婚礼の仲人を頼まれる「高砂や」がある。

「新聞記事」　教える隠居②

ストーリー：隠居が無教養な男に、新聞を読めという。男の友人の竹が強盗に殺された記事が新聞に出ていたといわれ驚くが、嘘話。面白くなった男は隠居の真似をして、嘘話をよそにやりに行き失敗する。

＊

この手の噺はたくさんある。

＊

上方落語「阿弥陀ヶ池」の東京版。

「ねずみ」　二人の隠居

ストーリー：晩年の左甚五郎が奥州に旅をする。仙台で少年の客引きに誘われるまま小さな宿屋、鼠屋に泊まる。鼠屋は少年と病で起きられない父親の二人で営んでいた。

実は、父親はかつて仙台一の旅籠《はたご》、虎屋の主人であった。怪我で足腰が立たなくなり、稼業から退き、後妻と番頭に任せ、元物置だったところを隠居所にし、先妻の息子を連れ移った。そののち後妻と番頭は店を乗っ取った。父子は暮らしのため隠居所で宿屋をはじめたという。父子に同情した甚五郎は、宿屋の屋号の鼠屋にちなみ、鼠の彫刻をつくる。甚五郎作の木の鼠は、笊のなかでチョロチョロと動き出し、たいそうな人気となり、鼠屋は繁盛する。虎屋は甚五郎のライバル、飯田丹下を呼び虎の彫刻をつくらせる。甚五郎と飯田丹下の最終対決の行方は――。

＊

「ねずみ」は左甚五郎の晩年の奥州の旅を描く。すでに現役を退いて、隠居の身での気ままな旅。若い頃のような破天荒さはなく、落ち着いた人物なのに、酒は一升飲む。そのくらいはご愛嬌で、年齢を重ね、いろんなことに分別を持つ人物に変わっている。後半、朋友の政五郎もすでに隠居しているのか、飯田丹下との対決には二代目政五郎を供に連れている。

「ねずみ」にはもう一人、隠居が登場する。怪我で歩けなくなった虎屋の主人は、物置を片づけた隠居所に移り、虎屋から食事を運んでもらい養生する身になる。ここで回復まで養生し、隠居として暮らせれば物語にはならない。悪党たちに店を盗られる、隠居の身で、体も動かない。一度稼業を退いてしまうと、復権が難しいこともあるのだろう。

＊

落語には「甚五郎もの」といって、左甚五郎の噺がいくつかある。甚五郎は飛騨の生まれで、彫刻を得意とする大工。京で名を上げ、江戸に下る。江戸の職人たちとの交流を描くのが「三井の大黒」。江戸で大工の棟梁、政五郎の食客となり、大久保彦左衛門の推挙で幕府に認められ、日光東照宮の眠り猫などの製作にあたる。その後も京と江戸をたびたび旅するが、一文なしで大酒を飲んだり、トラブルを繰り返す。

「竹の水仙」などが落語で演じられ、ほかに「猫餅」「蟹」などが講談、浪曲で語られる。なかには甚五郎が鑿《のみ》で妖怪退治をする噺もある。

「ねずみ」は、老境の甚五郎が松島や中尊寺を見るため、観光の旅に出た道中の噺である。

「あいぼれ」隠居の金と性

ストーリー：朝の早い時間に、横丁の隠居の家の前を八五郎が通り掛かる。茶でも飲んでいけといわれて世間話をする。八五郎には吉原になじみの女がいて、年季が明けたら夫婦になる約束をしているという。身請けをする金はないが、若い八五郎は何年でも女を待っているんだという。
隠居には、女を待つ時間はないが金はある。それならば、自分のなじみの遊女を身請けしようと、吉原へ出掛ける。

＊

これは拙作《せっさく》の新作落語である。

隠居についてのいろんな疑問を落語にした。「道灌」「子ほめ」などの隠居は博識で、常識人で、八五郎、熊五郎といった長屋の若い者にいろんなことを教えてくれる。だが、世の中には知識や常識の欠如した老人もいる。

また、隠居の収入。これもひとつの疑問であった。

落語では、「若い頃、真っ黒になって働いた」「息子に跡を譲って分米をもらっている」。つまり、貯蓄派と、息子・娘の分米派に分かれている。

この隠居は横丁に住んでいる。妻も、息子や娘もいないようだ。家族を持たず、現役時代に一生懸命働いてきた。だが、貯蓄だけでは隠居は難しい。そこで、隠居は貯蓄を資本に、さまざまな投資を行っている。現代でも、貯蓄を株式や不動産などで運用し老後の資金にしている人は多い。もともと相場師か何かで、それなりの知識があったのかもしれない。

知識や常識はそれなりにあるが、いわゆる「遊び」の常識はない。

そして、最大の問題は、隠居の「性」。老人であるから、そんなに活動的ではないかもしれないが、そういう感情がないわけではなかろう。

現代でもスケベな老人はいる。それが元気の証しではないかと思っていたが、違うらしい。老化で抑制機能が失われている……。だから、世間に色ぼけじじいが多いんだそうだ。

この隠居は、経済的には恵まれているから、たまに吉原へ遊びに行っている。若い頃は一生懸命働いていたため、遊びの道を知らない。遊女の手練にも騙されるが、それも遊びの範囲での金遣いなのは、もともと倹約家、計算高い性格なのだろう。

＊

柳家一琴が口演。最近では桂文雀も口演するという。

「短命」　隠居はなんでも知っている

ストーリー：植木屋が隠居のもとを訪ねる。これから葬式に行くというのだが、わからないことがあるという。植木屋は「伊勢屋の旦那がまた死んだ」という。人は何度も死ぬものではない。「また死んだ」とはどういうことだと聞く隠居。なんのことはない。伊勢屋のお嬢様のところに来た婿が若くして死んだが、これが三人目だという。

伊勢屋の先代は人格者であった。そのお嬢様になんでこんなにも不幸が訪れるのか。

「で、伊勢屋の娘さんっていうのは器量はどうだ」、「それは町内の小町といわれるほどのいい女です」、「そら、婿は短命だなぁ」、「どうして娘の器量がいいと短命なんですか」、「わからないかなぁ」。

＊

自身が長生きをしている隠居には、何が長命で、何が短命かがわかっている。

人格者の子供は幸福になれるのか。親の人格と子供の幸福なんて関係ない。落語はリアルで科学的なものだ。

伊勢屋のお嬢様は器量がよく、店は番頭が仕切っている。婿は主人だが店の仕事はほとんどしない。暇だ。ほかにやることがない。目の前に器量のいいお嬢様がいる……、短命だ（わからない方は第五章を参考にしてください）。

だから、婿は短命でもお嬢様は決して不幸ではない。婿が死んだ時は悲しい。最初の婿が死に悲しみに暮れていたが、なにせ器量がよくて家に財産がある。だから、すぐ次の婿が来る。そして、また幸福な日々を送る。二番目の婿が死んでも、三番目が来た。そして、三番目も死んだ。

「男を取り殺す魔性の女」なんて噂が立ち、もう婿は来ないだろうと思っても、多分、あと二、三人は来ると思う。男とは冒険者だ。チャレンジャーだ。

器量がいい、すこぶるいい女なんだ。そんな女と一、二年、至福の時を過ごせれば、短命だっていい、という男は少なからずいるんだ。

「この女のためなら命はいらねえ」とか。消極的マゾヒズムとでもいおうか、それが男の性《さが》で、人間の本音に笑いを求める落語には、そんな登場人物はよく出てくるし、それを客観的に隠居は見ている。

何が短命で、何が長命なのか、隠居は知り尽くしている。そして、それを植木屋に教える。家に帰った植木屋は女房の顔をしみじみ見て、自らが長命であることを確信する。そして、植木屋も何年かしたら、隠居になる。

それまで何人もの性の冒険者たちの死にざまを見て、隠居となった植木屋はある日、年老いても年老いたなりに美しいお嬢様と再会する。その時、植木屋は自分が長命で幸福だったのかを、おそらく自問するのであろう。

やはり、隠居をするには相応の経済的な余裕が必要だ。貯蓄派より、分米派が多いのは、やはり金には限りがあり、予定より長生きすると貯蓄派は厳しくなるからだ。いまも昔も、老後をゆっくり過ごすには現役世代に掛かっているのかもしれない。

そして、どこの横丁にも隠居が住んでいたわけではないのだろうが、比較的身近に隠居は存在していた。落語のように若い者が時間潰しに隠居のもとを訪れることはままあったのだろう。

なにせ隠居は暇である。多少は現役世代と関わりがあったり、趣味に没頭したりして忙しい隠居もいたかもしれないが、たいていは暇だ。

「道灌」「子ほめ」だけでなく「一目上がり」「雑俳」「短命」「松竹梅」「高砂や」は、ふらりと遊びに行くだけでなく、困った時には隠居を頼った。金銭面で頼る「加賀の千代」の甚兵衛もいたが、たいてい頼るのは知識である。

「短命」のように、世間の疑問を聞く。「松竹梅」「高砂や」は婚礼の余興を教えてもらう。困ったことがあれば、隠居に聞けばいい。

「提灯屋」では町内の若い者が文字だけの広告チラシをもらう。ほかの者に見せるが、誰も字が読めなく困っている（別に困りはしない。ただの広告だ）ところへ隠居が通り掛かり、それが提灯屋の広告であることがわかる。

困った時は「隠居に聞け」で、たいていはいろんなことを教えてくれた。

現代ならネットで検索すればいいのかもしれない。隠居ではわからない「宇宙の謎」や「世界経済の動向」もネットならすぐわかるが、そんなものは町内の若い衆には必要ない。生活のごく身近な常識や、知っていてもたいして得にもならない知識を隠居は教えてくれた。そういう存在が身近にいることが便利な時代であった。

隠居もたまには間違うこともある。だが間違いだらけのWikipediaよりはマシだ。隠居の間違いは誰も傷つかない。

何がいいたいのか。コミュニティのなかに隠居がいると、何かと役に立つし、面白いことに出会える。隠居の経験のなかには、ネットにはない裏話もゴロゴロしている。それを聞くだけでも面白い。

世代ごとのコミュニティのほうが話が合っていいというが、ものごとが多様化していれば同世代でも話が合わないことはままある。いろんな世代がいて、受け継いでいくものも必ずある。世代の共存というのが重要で、だから、横丁には隠居に住んでいて欲しいのだ。

二、武士の隠居

武士の隠居について考える。

武士は家ごとに知行、俸禄を受ける。知行とは、将軍や大名から領地を与えられ、そこから上がる税収を収入とすること。たとえば知行千石というのは、千石の米が取れる領地をもらっているということで、仮に五公五民とすれば、五百石が収入になる。

俸禄とは主人からもらう給料。三十俵二人扶持《ぶち》は、米三十俵にプラス年間二人分の米がもらえるということだ。最初は米でもらっていたが、米問屋が買い取り、銭で支払われるように変わっていった。

役をもらって、城に出仕するのは一家の主人で、領地の管理はその家の家族（兄弟や親戚）または家来が行い、家来は主人の収入のなかから俸禄をもらう。その家来も家に帰れば、家の主人で、一家は主人がもらってくる俸禄で生活をする。

主人は城に出仕するが、その家族や家来は何をしていたのか。武士の本来の仕事は戦闘である。有事に将軍や大名のために合戦に赴く。千石の領地をもらっているということは、千石に見合う戦闘力が必要だった。家族、息子や兄弟、屋敷内に住んで一家を構成する親戚も戦闘集団の一員ということになる。もちろん、千石なら千石に見合う数の家来を雇い、合戦に備えていなければならなかった。

俗に徳川家は旗本八万騎というが、旗本が八万人いたわけではない。旗本の家族（戦闘に参加できる成人男子）や家来を含めて、徳川家が戦闘に動員できる兵力が八万だったということだ。

千石の知行があり五百石（約五千万円に相当）の収入があっても、そこから戦闘要員の家来の俸禄を支払う。家計はそんなに楽ではなかったのかもしれない。

家の主人も、ある程度の年齢になると隠居して、息子や、息子がいなければ弟などに家督を譲った。武家は血をつなぐことが重要であるため、息子が複数いる場合は長男が家督を相続した。

次男以下は、戦闘員である家臣として暮らすか、他家に養子に行くしか道はなかった。他家に養子に行けば、そこの家の主人になることができる。息子がいない場合は、娘がいれば婿を取って跡目、娘もいなければ養子をもらうという道もあったが、息子も生まれず、養子ももらう前に主人が死んでしまうと、弟が継ぐか、それもいなければお家断絶ということになった。だから、長男に息子ができるまでは、弟たちはうかつに養子に行くわけにもいかなかった。武家にとっては、跡継ぎをつくるのが城へ出仕するよりも重要な職務だったのかもしれない。

隠居をしたが、跡継ぎの息子が亡くなり、養子をもらうまで現役復帰などという隠居もいた。

たとえば、二十五歳で長男が生まれたとしよう。長男が二十歳になる頃は、まだ四十五歳だ。四十五歳で隠居は微妙か。

現代で、四十五歳で隠居は早いが、江戸時代は「人間五十年」といわれた時代。平均寿命も短いし、四十五歳ならいつ死んでもおかしくなかったのかもしれない。さらには、城に出仕して事務仕事をするなら問題はないが、武士は戦闘員である。

源平時代に、三浦大介《みうらおおすけ》は百六歳で石橋山の合戦で頼朝軍として参戦し敵を打ち破った(百六歳は講談の話で、実際は八十九歳)が、例外はいつの時代にもあり、体力的に衰えると戦闘員としては無理が生じる。

隠居年齢としては四十代後半から五十くらい、そのあたりが隠居の年頃ということだろうか。

だが実は、武士はなかなか隠居をしなかった。

やはり一家の主人の座はなかなか退きたくない。権力は簡単には手放したくはないのだろう。

たとえば、赤穂浪士のなかで、親子（養子を含む）で討ち入りに参加した者が八組いる。

・大石内蔵助（四十五歳、城代家老）嫡男、主税《ちから》（十六歳、部屋住《へやずみ》）
・吉田忠左衛門（六十三歳、足軽頭、郡奉行）養子、沢右衛門（二十九歳、部屋住）
・小野寺十内（六十一歳、京都留守居役）養子、幸右衛門（二十八歳、部屋住）
・間瀬久太夫（六十三歳、大目付）嫡男、孫九郎（二十三歳、部屋住）
・間喜兵衛（六十九歳、吟味奉行、馬廻）嫡男、十次郎（二十六歳、部屋住）、次男、新六（二十四歳、里村家へ養子）
・堀部弥兵衛（七十七歳、隠居、江戸留守居役）娘婿、安兵衛（三十四歳、馬廻）
・奥田孫太夫（五十七歳、武具奉行、馬廻）養子、貞右衛門（二十六歳、部屋住）
・村松喜兵衛（六十二歳、扶持方奉行、広門役）嫡男、三太夫（三十七歳、部屋住）

うち隠居は、最高齢、七十七歳の堀部弥兵衛ただ一人である。しかも、隠居だが、江戸留守居役の任にもある。

弥兵衛の場合は、堀部家の当主の座は安兵衛に譲り、堀部家では弥兵衛は隠居であるが、浅野家においては江戸留守居役という役職にあるということである。堀部家の知行は二百石で、ほかに弥兵衛が江戸留守居役の役料として二十石をもらっていた。

大石内蔵助のところは、主税はまだ十六歳であるからよいが、ほかは五十代、六十代の親のところに、二十代後半の息子ないしは養子で、なかには、村松三太夫は三十七歳で部屋住（家督の相続前）の身である。

ほかにも、親子で討ち入りの参加表明をし、父親が志半ばで亡くなった岡野金右衛門、矢頭右衛門七も部屋住であった。

中級クラスの武士の場合、大きな病気でもしない限り隠居はしないもの、なのかもしれない。

隠居をするにはいろんな事情がある。

武家はおおむね長男が継承で、たいした揉めごともなければ、そんなに急いで隠居することもなかったのだろう。

だが、大名となると、とかく後継問題で揉めたりするので、自分の目の黒いうちに後継者を決めて、隠居してもある程度目を光らせている必要もあった。

では、歴史のうえではどのような隠居がいたのだろうか。三人取り上げてみよう。

徳川家康

徳川家康は関ヶ原の戦いののちに征夷大将軍になるも、二年後（一六〇五）に征夷大将軍を秀忠に譲り、自らは駿府城に移った。これは征夷大将軍を徳川家で継承していく、世襲するものとする、という内外への宣言でもある。時に家康六十二歳。

家康は隠居という形をとってはいるものの、政務に関しては秀忠に任せ、朝廷や各大名との交流は家康自身の手で行った。いわゆる、「駿府の大御所」という立場を堅持した隠居である。秀忠も将軍として政務を行うことで、権力を確かなものにしていく。将軍（現役）秀忠と大御所（隠居）家康の二人体制で徳川政権を盤石のものにしていった。

そして、時には秀忠の後継問題で江戸が揉めた時は、春日局《かすがのつぼね》の訴えを聞き、江戸に飛んで行って、秀忠や幕閣重臣たちに意見をした。力ある隠居である。

大坂の陣で豊臣を倒したのち、家康は沼津の古城を改築して隠居所とし、本格的に隠居をするつもりだったらしいが、それは叶うことなく、七十四歳で没した。

徳川光圀

大名で有名な隠居といえば、前の副将軍、水戸光圀《みつくに》こと水戸藩二代目当主の徳川光圀であろう。隠居して、諸国漫遊したというのはもちろんフィクション。

水戸黄門の名で親しまれているが、「黄門」とは中納言の意味。御三家のうち尾張、紀伊は大納言で将軍に世継ぎのない時は尾張か紀伊から連れて来る。水戸は中納言で、副将軍。天下の一大事起こりし時は、将軍を補佐するのが役目である。「祖師を日蓮、大師を弘法というように、黄門と申せば水戸をいう」と講談で語られる。水戸家はあまた名君を出し、幕末の斉昭を烈公、二代の光圀を義公と呼んだ。

光圀は初代当主、頼房の三男。講談では、兄、松平頼重は頼房が若き日に市井の女に生ませた子で、お家騒動のもとになると闇に葬られるところ、忠臣たちが阻止し、されど水戸家を継がせるわけにはいかぬため、讃岐高松十二万石を頼重に与えた。史実はもう少し複雑だが、似たり寄ったりの内容になる。

兄を不憫に思った光圀は、頼重の子、綱條に水戸家を継がせ、自らの子、頼常に高松藩を継がせた。ということで、元禄三年（一六九〇）、光圀は六十二歳で隠居する。

翌年、西山荘に移り住んだ。この時、佐々宗淳（助さんのモデル）はじめ六十余名の家臣を従えていた。定吉一人を連れて根岸に住む「茶の湯」の隠居とはずいぶん違う。

漫遊こそしないが、佐々らを全国に派遣し資料収集を行い、水戸学の基礎をつくり、楠木正成の碑を湊川につくった時も家臣を派遣して差配させている。さらには蝦夷地探検にも家臣を行かせた。そうしたことが、漫遊の物語を生んだのだろう。

元禄七年には江戸へ行き、諸大名を招いて能を披露した。このおり重臣、藤井紋太夫を自らの手で刺殺した。講談では、藤井は柳沢吉保に内通し、光圀を陥れようとしたことになっているが、真実の原因は不明。ただ、家臣を刺殺するというのは、隠居しても藩政に深く関わっていたということであろう。隠居してもひと筋縄ではいかない人であった。

上杉鷹山《ようざん》（治憲）

江戸時代後期に藩政改革を行い、米沢藩の財政を立て直した人物に上杉治憲がいる。

上杉藩は困窮していた。戦国時代は上杉謙信が越後国を平定、その後継の上杉景勝は豊臣秀吉に臣従するも、会津に転封となり百二十万石の所領を得た。しかし、関ヶ原の戦いに敗れ、所領は三十万石に減らされた。加えて、お家騒動があり、米沢十五万石にさらに半減された。なのに、上杉謙信以来の武勇を誇り、戦闘員である藩士を景勝の時代から減らしていなかったのだ。

つまり収入が百二十万石から十五万石、八分の一になっても人員が同じというとんでもない状況下にあった。

当然、藩士の給料も減る。解雇はされないが皆、貧乏。当然、やる気もなくなり、行政は滞る。さらには飢饉もあり、農民も困窮。そうなると離散する農民も多く出て田畑は荒れる。ますます減収になる。藩士の俸禄の借り上げ、すなわち給料が滞る、つまり行政機関は破綻寸前にあった。

治憲は日向秋月家の次男。上杉家の養子になり、江戸にて細井平洲に学び、上杉家の現状を知り、藩政改革の志を持つ。若い家臣たちをブレインに米沢に乗り込んだ治憲は改革を実行した。まず藩士を減らす。官僚として必要な者以外の所領召し上げ、すなわち戦闘員として雇われている武士たちへの事実上の解雇通告、大リストラを断行した。

ただし、荒れ地を切り開いて新田を開発することは許可し、そのための準備金は支給した。浪人して他家に行くのも自由だが、米沢にいてもよい。米沢にいるのなら、武士の身分は保証するから、収入だけは自分で確保せよ。こういうことだ。

さらには養蚕などの新規事業を行った。新規事業にも武士たちが動員された。なにせ人員は余っているのだ。ようはアイディアで新しいことをやればいいのだ。さらには倹約の奨励。自らが木綿の着物を着、麦飯を食べ、奥女中の人員整理をし、藩主の経費を五分の一にした。

改革が成果を見せはじめた三十四歳で隠居。上杉の血を引く治広に藩主を譲った。これは治憲が養子になってのち、先代に男児が生まれたからで、養子の治憲は最初から治広元服までのつなぎの藩主のつもりであった。

また、治憲の考え方のひとつとして、一人の人間による長期政権は、権力が集中し力が強くなり過ぎて、反対意見をいう者がいなくなることや、治憲の側近たちも同様に力を得て、そこに癒着などの不正が生まれることも懸念していた。このちに、改革当初からの腹心の不正発覚のおり、治憲は「泣いて馬謖《ばしょく》を斬る」思いで処断している。

藩主の座は退いたが、治憲の志と知識は藩政改革になくてはならず、その後も治広の後見となり、改革を推進し、上杉家を立て直した。

五十一歳で剃髪し、鷹山を名乗った。最期は眠るように亡くなった。七十一歳。

「為せば成る、為さねば成らぬ何事も、成らぬは人の為さぬなりけり」という言葉でも有名である。

第二章　働く老人たち

隠居するには、かなりの貯蓄があるか、跡継ぎからの支援がなければ難しい。家作の家賃収入があったり、武士の場合、殿様から捨て扶持をもらうこともあったが、そういったもののない人の老後はどうなるのであろうか。

働くしかない。

いまと一緒である。銭がなければ働いて稼ぐ。だが、現役のようには働けない江戸の高齢者はどのような職業に就いたのだろうか。

一、羅宇屋

羅宇屋《らおや》とは喫煙具の販売および修理を行う仕事である。

羅宇とは、煙管《きせる》の雁首と吸い口をつないでいる竹の管をいう。これが詰まったりすると、煙が吸い口へ通らず煙草がうまくない。そこで、羅宇屋を呼んで煙管を分解して、竹の管を取り替えてもらうのだ。

現代では、煙管で煙草を吸う人は少ないから、煙管という伝統文化を守る目的で羅宇屋になる人もいる。江戸時代の羅宇屋は、何か志を持ってやるような商売じゃない。商売に失敗して、ほかに仕事がない、食うために仕方なくやるような商売である。そんな仕事だから、引退した老人でもできる仕事のひとつだった。

店舗営業ではない。羅宇の修理に必要な七つ道具を担いで、街を歩き、「羅宇屋さん、ちょいと直してくれ」と声を掛けられては修理をした。

「紫檀楼古木《したんろうふるき》」

ストーリー：紫檀楼古木は実在した狂歌師。商売をやっていたが、狂歌に凝り、商売は番頭任せにしていたら店が潰れた。仕方なく、家族を養うため羅宇屋をはじめた。しかし、根が風流人で雑踏が嫌い。「向島の雪景色が乙」とかいって、寂しいところばかり歩いているから商売にならない。

ある日、あるお妾さんの煙管の羅宇をすげ替えた。お妾さんが古木を見て、女中を怒る。「あんな汚いじいさんに頼んだのかい。もっといい男の、役者みたいな羅宇屋に頼んでくれないと。あんな汚いじいさんが触ったと思うと、煙管が使えないよ」、「そんな役者みたいな羅宇屋なんていませんよ。たいていは汚いじいさんですよ」、「それにしたって汚過ぎるよ」。

女中のいうように「たいていは汚いじいさん」。役者みたいな容姿だったら、羅宇屋以外の職業に就く。あんまり汚い汚いといわれて、古木は腹を立てるかと思いきや、さにあらず。実際に汚いんだから。しょうがない。

そこで狂歌を詠んで半紙にしたため、お妾さんにわたす。

「牛若のご子孫なるかご新造の　我を汚穢《むさ》し（武蔵）と思い給うて」

汚いの「汚穢し」と武蔵坊弁慶を掛けた粋な狂歌である。狂歌を見たお妾さんも教養人だった。

「弁慶と見たは僻目《ひがめ》かすげ替えの　鋸《のこぎり》もあり才鎚《さいづち》もあり」と返歌をした。

弁慶の七つ道具と、羅宇屋の道具を掛けている。昔の人っていうのは教養があった。こういう洒落がすらすら出てくる。

＊

いまは煙草というと、たいていは紙巻だが、昔は煙管で刻み煙草をやるのが普通だった。扇子を煙管に見立てて煙草を吸う仕草を見せるのは、落語家の得意とするところだ。

「紫檀楼古木」のような落語は、聞く側にもそれなりの教養がないと難しい。知識だけでは駄目で、遊び心のある教養だ。

だが、羅宇屋には別に教養はいらない。汚いじいさんが淡々と仕事をこなせばいいだけだ。

＊

滅多に演じられないネタ。八代目林家正蔵が演じていた。林家正雀らが継承している。

二、渡し舟の船頭

江戸は川を用いた交通網が整備されていた。幕府は運河をつくって、荒川や利根川の水路を変えて、下総や北関東から水路による物資の輸送ルートを確保した。農産物や外房で獲れる魚や、江戸時代後期になると、野田や銚子でつくられる醬油なども水路を用いて江戸へ運ばれた。

江戸から地方へは、ウンコが運ばれた。人口の多い江戸の街、しかも富裕町人も多いから、ご馳走を食べている江戸っ子のウンコは肥料にはもってこいだった。肥船と呼ばれ、たいそうな人気……はないが、重要な水運のひとつである。

水運業の船頭はずいぶんいたが、江戸で船頭といえば、大川（隅田川）の猪牙舟《ちょきぶね》の船頭が粋だ。猪牙舟とは、柳橋あたりの船宿から乗って、大川を上って吉原へ行く、吉原通いの舟をいう。先端が尖って猪の牙のような形をして、なにしろスピードが速い。こういう舟の船頭はモテた。とくに芸者衆なんかが惚れた。

落語の「船徳」は船頭に憧れた若旦那の徳さんが船頭になる噺。ほかにも、講談の「小猿七之助」など、粋な船頭が活躍する噺はたくさんある。

船頭も年を取ると、なかなかスピードの速い舟を巧みに操るなんていうことができなくなる。陸《おか》に上がって別の商売をするのが大半だったが、若い頃から船頭ひと筋、船頭以外の仕事ができない者もいる。

松尾芭蕉の『奥の細道』ではないが、「舟の上に生涯を浮かべ」る者もずいぶんいたようだ。田舎の荷物を運ぶ船の船頭になる者もいたが、渡し舟の船頭になる者もいた。

田舎の川などは橋が架けられず、渡し舟がずいぶんあった。いまも葛飾区と松戸を結ぶ矢切の渡しは、歌謡曲や映画「男はつらいよ」でも有名になったから、観光で残っている。あんなイメージの渡し舟が全国にあった。

江戸時代は大川も橋は少なく、基本は渡し舟。竹屋の渡し、御厩の渡し、橋場の渡しなどがあった。とくに老人の仕事というわけではないが、猪牙舟、屋根舟の船頭からの転職組が多かった。

「船徳」

ストーリー：若旦那が船頭になる噺。道楽が過ぎて勘当され柳橋の船宿に居候の身の徳兵衛、船頭に憧れて船頭になると宣言。居候先の船宿の主人に頼み込んで、先輩に船の漕ぎ方は教わるが、まだ川に出た経験はない。

四万六千日様、浅草のお祭りで舟が出払っていた。浅草寺に詣る二人の客がやって来た。

「船頭ならいるじゃないか」

何も知らない客から徳さんにご指名が掛かる。心配する女将の意見など気にせず、二人の客を乗せた徳さんの舟は川へ漕ぎ出す。なんか様子がおかしいと思う客たち。やがて舟は堀から大川へ。

「徳さん一人かーい、大丈夫かーい」。竹屋の渡しの船頭が声を掛けた。これはとんでもない舟に乗ったと気づく客たち。

＊

ここにワンシーンだけ登場の「竹屋のおじさん」は渡し舟の船頭である。

広い大川を上る徳さんに、横切る竹屋のおじさん。徳さんが声を掛ける。

「竹屋のおじさーん、これから大桟橋まで、お客さん送って行きまーす」

楽しそうに答える徳さんに竹屋のおじさんがいう。

「徳さん一人かーい、大丈夫かーい」

かなり心配した、緊迫感あふれる口調でやる落語家もいる。

老練な船頭である竹屋のおじさん、すれ違っただけだが、このあとの客二人の災難が予測できたのであろう。

＊

にわか船頭の徳さんの奮闘と、二人の客の災難を爆笑で描いた一席。

三、易者

易者とは占い師のこと。

現代でも道端に小さなテーブルと椅子を置いて、筮竹や天眼鏡を持って座っている易者は見掛ける。

人生に迷うことは誰にでもある。転職、結婚、あるいは離婚、AかBかの選択で悩んで、条件がほぼ同じで決めかねた時など、占いを参考にしようとか、ふと思ったりする。

また、何をやってもうまくいかない、結婚したいのに恋人ができない、病気になったり事故に遭うことが多いなどの悩みを抱えている時にも、占い師に相談することがあったりする。

別に占い師が正解を知っているわけではないとわかっていても、何か神懸《がか》った力で、人生を示唆してもらいたい、そんな気持ちは誰にでもある。

易者は、本来は香具師《やし》の仲間になる。香具師のなかでも、元武士や元学者、その道で大成できずに生活のために香具師になった者で、それなりの教養人が易者になった。易学の知識があるに越したことはないが、なくても、もっともらしく、相談に乗ってあげられればよかった。

浅草のいまの「花やしき」の近くに、昔は高島易断の易者が出ていた。人相手相の表示してある布を貼り、口上で人を集めて占った。

「人間には十二の干支《えと》があり、どの干支とどの干支が相性がいいか、すぐにわかる。失礼だが、そこのあなた、申年であろう。顔が赤いからすぐわかる。そこのあなたは未年だね。シャツにウールマークがついている」

こんな感じで人を集めて占った。

教養は見た目ではわからないが、ある程度年齢が上のほうが、信頼を持てたところがある。

自分よりも若い奴に、人生の方向性をとやかくいわれたくはないというのもある。だから、易者は老人も多かった。老人が考え込みながら話をしたほうが、どこか説得力があった。

「牡丹灯籠～お札剝がし」

ストーリー：根津の清水谷に住む裕福で若い浪人、萩原新三郎のもとへ夜ごと、女が訪ねて来る。旗本の娘とその供の女中が忍んで逢いに来ているらしい。新三郎の家作に住み、新三郎の家の下男代わりに働いている伴蔵は新三郎の寝所をのぞいて驚いた。新三郎は娘ではなく骸骨と同衾していた。

怖くなった伴蔵は、近くに住む易者の白翁堂勇斎に相談する。早速、勇斎は新三郎を占うに、その人相には死相が出ていた。すぐに旧知の、新幡随院の良石和尚に相談、伴蔵の話と勇斎の占いから新三郎が死霊に取り憑かれていると判断した良石は、黄金の仏像と霊を封じる札《ふだ》を新三郎に与える。

新三郎の家に入ることができなくなった幽霊は、伴蔵に「お札を剥がして欲しい」と頼む。伴蔵は「百両くれたらお札を剥がす」という。幽霊におあしはないと思っていたら、幽霊が百両くれるという。金に目がくらんだ伴蔵はお札を剥がす。

翌朝、新三郎が起きて来ない。伴蔵は勇斎や長屋の者たちと新三郎の家に入ると、新三郎は骸骨を抱きながら死んでいた。

「伴蔵、これはなんだ。俺は今年六十二になるが、こんなに恐ろしいものを見たのははじめてだ」

勇斎はこう叫び、あとは絶句する。

新三郎が幽霊に取り殺されたという噂はすぐに広まり、新三郎の家作の住人は皆、引っ越してしまい、伴蔵夫婦も姿を消した。

勇斎は六十二歳だといっている。このくらいの年齢が易者としては信用もあり、彼の「死相が出ている」という言葉も重みがあるのだろう。

＊

「牡丹灯籠」は三遊亭圓朝の作で、ただの怪談噺でなく、新三郎の死にも意外な真実が隠されている。

＊

ほかにも、易者の登場する落語に「日和違い」「御神酒徳利」などがある。「井戸の茶碗」の千代田卜斎は、「昼間は子供たちに素読の指南をし、夜は街に出て売卜《バイ》を行う」といっている。素読の指南とは『論語』を音読させることだが、子供たちに『論語』の中身を教えるわけでなく、『論語』を読むことで、読み書きと道徳を教える、つまり寺子屋をやっている。

そして、夜は売卜。卜を売る、占いを商売にしている、易者であるということだ。千代田卜斎は年輩の浪人。主家を離れたが、易学の知識もあり、占いで生計を保っているのだろう。

四、番太郎

江戸時代は、街のあちこちに番小屋というのがあった。現代の集会所と交番を兼ねたような場所といってもいい。

ここの管理人に、番太郎という者を雇っていた。給料は町内の人たちが出し合っていたので、町内の下男みたいなもの。暇な時は、町内の清掃をしたり、使い走りをしたり、夜は「火の用心」で回ったりもする。「火の用心」は防火だけでなく、防犯のためにも重要だった。

交番のようなといったが、番小屋に奉行所の同心や目明かしが立ち寄ることもある。湯茶を出して接待したり、時には捕縛した犯罪人を一時的に預かることもあった。

実質、下男のような仕事で賃金も安いから、若い者はやりたがらない。やはり引退した老人や、場合によっては職に就けない前科者がやったりもしていた。交番の管理人を前科者がやる、ある意味スゴい話である。

「二番煎じ」

ストーリー：町内の夜回り、「火の用心」を旦那衆がやることになった。火事が頻繁に起こるので、夜回りを厳重に行うようにとの奉行所からの命令があったのと、それまでは番太郎がやっていたが、酔っ払って寝てしまい、よく夜回りをサボる。仕方なく旦那衆が出掛けることとなった。

外は寒い。ひと回りすると、もう凍えそう。わずかの火が頼りだが、なんと旦那衆、皆、瓢簞に酒を入れて来ていた。なかに、どうせ皆が酒を持って来ると思ったからと、猪の肉に、葱と味噌、鍋まで担いで来た男もいた。番小屋で、猪鍋を肴に酒を飲みはじめた旦那衆、皆、同じ町内で子供時代を過ごしているから、にわか同窓会みたいになる。そこへ見回りの同心がやって来る。

「大工調べ」

ストーリー：与太郎は腕のいい大工。しかし、しばらく仕事がなく店賃《たな》を滞納したため、大家に道具箱を担保《かた》に持っていかれてしまった。道具箱がなければ仕事に出られない。棟梁の政五郎が掛け合うが埒が明かない。ぶち切れた政五郎は啖呵を切るが、その時に大家がかつて長屋の番太郎だった過去をあげつらねる。

*

「二番煎じ」「大工調べ」ともに番太郎は主人公ではない。

「二番煎じ」では、旦那衆が夜回りに出るきっかけのひとつに番太郎の怠慢が挙げられる。酒を飲んで寝てしまう責任感のない元無頼の番太郎とするやり方と、老人だから不安とするやり方もある。だが、そんな連中ばかりでもない。老人でも寒いなか、必死で夜回りをしている番太郎もいたのだろう。

「大工調べ」の大家は、元はどこの者ともわからず、風に吹かれてこの長屋にやって来た。皆が可哀想に思い、番小屋に住まわせて、雑用をやらせて小遣いを与えてくれ、糊口をしのいだ時期がある。番太郎にはそういう人も多かった。

大家の六兵衛が芋屋を兼業、やがて六兵衛が死んだのち、番太郎は大家の女房と結婚し、大家になった。芋屋というのがキーで、江戸時代の後期、江戸庶民がおやつに焼き芋を食べるようになったが、この販売を番太郎が行っていた。番小屋の片隅で芋を焼き、安価で女性や子供たちに販売した。薄給の番太郎にとっては、居ながらにして商売ができる、手頃なアルバイトであった。

先代の大家の六兵衛が芋屋をやっていたのは、六兵衛も元は番太郎だったのかもしれない。いまの大家も芋屋を引き継いだが、政五郎にいわせると、薪をケチって生焼けの芋を出したため、長屋の子供たちが皆、腹を壊したそうだ。

五、願人坊主

願人坊主とは僧侶ではない。僧形の芸人をいう。僧侶の形《なり》をして門付で、あほだら経を聞かせたり、念仏踊りを見せたりする。

あほだら経はなんと説明したらいいんだろう。いまのラップに近いかもしれない。手の平サイズの小さい木魚をチャカポコ鳴らして、ないない尽くし、かいかい尽くし、なんていう面白い詞章を、アップテンポのお経風のリズムで聞かせる。人気のある願人坊主は相応の祝儀がもらえたりするが、たいていはやかましいだけ。家の前でチャカポコやられたら迷惑だから、少額の銭を包んで帰ってもらう。乞食の押し売りに近い存在だったようだ。

なかには、やはり僧形で、念仏とか題目とか、簡単な経を覚え、門々で唱えてわずかの銭をもらう、いわゆる乞食坊主というのがいた。それらの一部も願人坊主と呼ばれた。

落語の「黄金餅」に登場する西念は、門徒の家の前では念仏を唱え、法華の家の前では題目を唱えて銭をもらって歩いた。なかには、信心深い家の者から、家の仏壇の前でちゃんと経を読んで欲しいと望まれることもある。そんな時は「いろはにほへと」をお経の調子で唱えれば、相手は素人だからわからない。

乞食坊主の願人坊主には、たとえば、殺人とか傷害のような罪を偶発的に犯してしまい、遠島などで罪を償ったものの、赦免になっても罪の意識が晴れず、僧侶になりたいが経を読む教養がなく、仕方なく形だけ僧侶となり、念仏や題目と、ようやく覚えた短い経で、己の贖罪のために街を歩く者もいた。罪を償ったり、あるいは逃亡したりで長い年月を費やしているから、乞食坊主たちは皆、老いている。それでも、信心深い人からもらうわずかの銭を糧に、彼らも生きていかねばならないのだ。

「藁人形」

ストーリー：千住の遊女、お熊は元は神田竜閑町の糠《ぬか》屋の娘。小町娘といわれていたのが両親亡きあと、店が傾き、遊女となった。亡き両親の供養にと、河原の小屋に住んでいる願人坊主の西念を時々呼んでは経を上げてもらっていた。

お熊はある日、西念に自分は近々身請けをされ、旦那が絵草紙の店を持たせてくれる、もしよければ西念を引き取り父親同様に面倒をみたいという。喜ぶ西念。だが、数日後、旦那が買ってくれる予定の絵草紙屋の店が、いま、二十両ないと別の人に買われてしまうという。西念は隠し持っていた二十両をお熊にわたす。

お熊の話は、身請けも、絵草紙屋も、西念を父親のように思っているも全部嘘で、二十両は騙し取られた。西念はお熊を恨み、呪い殺そうと考える。

*

西念は、元は「か組」の嘉吉という町火消しだった。喧嘩で人を殺してしまい火消しを辞めた過去がある。まともな僧侶にはなれないので、せめて頭だけでも丸めて願人坊主になった。火消しを辞める時、仲間が花会をやって、二十両を持たせてくれた。

西念……、嘉吉は二十両の金があれば小商売でもやる道もあったかもしれない。だが、西念は金には手をつけず、殺した相手への贖罪のため、願人坊主になる道を選んだ。そんな西念を、お熊は亡き両親の供養に呼んでくれる。西念の下手なお経が誰かの供養になる、そのことだけでもお熊には感謝をしていた。

もともと西念は竜閑町の隣町内の佐久間町に住んでいて、糠屋のお嬢様だった頃のお熊を知っていた。知っていたというか、遠くから拝んでいた。西念のほうがずっと年上ではあるが、少女のお熊にほのかな恋心を抱いていたのだ。そのお熊から、一緒に住んで父親同様に面倒をみたいといわれた。

おそらく舞い上がったんじゃないか。独り寂しく暮らし、毎日門々で経を読む暮らしは老人となった西念には辛かった。それが、かつて恋心を抱いた女のもとで、隠居のような生活を送れる。夢のような話だ。いや、西念自身は、お熊に下男として仕えるつもりでいた。そんなに体は動かないが、水汲み、薪割り、飯炊きや掃除くらいならできる。男だから用心棒代わりに頼ってもらえたら嬉しい。お熊の傍にいられて、お熊の役に立てたら……。そうした夢も、すべてお熊の裏切りで潰《つい》えた。

西念は河原に近い長屋に戻り、その日から稼ぎに行かず、お熊を呪うことだけを考えていた。体も弱り、食べ物も食わず、おそらくこのまま死ぬつもりだったのだろう。希望を失った老人にはただ死を待つという選択肢もあった。

西念には甥がいて、訪ねて来る。甥が孝行者で、この先の西念の面倒をみると約束した。かつて恋心を抱いた女に下男として仕える暮らしではなくなったが、甥のもとで当分は安住ができる。甥は金を貯めて、お熊のところへ遊びに行く、それが男らしい仕返しだと胸を張る。頼りになる若い者が近くにいることが、老人の生活だけではない、心も支えてくれるのだろう。

六、糊屋

糊とは接着剤の糊である。

糊の製造、販売をするのが糊屋。

糊はどうやってつくるかというと、米を炊いて、トロトロに溶かして掻き回す。これを数回繰り返すと糊になる。

根気はいるだろうが、とくに体力がいるわけではない。自宅でできる。人とのコミュニケーションもあまりいらないから耳が遠くても問題はない。針仕事のような細かい仕事ではないから目が悪くてもできる。そんなことから老人でもできる仕事のひとつなのだろう。

落語には、糊屋のばぁさんが出てくる。どうやら糊屋は女性限定のようだ。

「不動坊」「富久」「たらちね」、講談で「中山安兵衛高田馬場の仇討ち」にも出てくる。

「不動坊」では嫁取りをすすめられた吉五郎は、「この長屋で独り者の女というと……、えっ？　糊屋のばぁさん、あれ、今年八十歳だよ。いくらなんでもあのばぁさんは勘弁してください」といっている。糊屋のばぁさんがかなり高齢であることがわかる。もちろん、吉五郎の嫁は糊屋のばぁさんではない。

「富久」では、長屋が火事になったおり、火元が糊屋のばぁさんではないかと疑われる。爪に火を点すように暮らしていたから、その火が引火したのではないか。爪に火を点すくらい、質素に暮らしていたということだ。

「たらちね」では主人公の八五郎の隣に住んでいる。独身の八五郎のために掃除をしてくれたり、留守番をしてくれたりと、なにかと親切だ。「中山安兵衛高田馬場の仇討ち」でも安兵衛が留守の間、仲間が来たことを伝えてくれる。

長屋というコミュニティのなかで、年は取っていてもできることをして住人と共存する、そうすることで何かの時に助けてもらえる、もちつもたれつ、それが暮らしということなのだろう。

第三章　女たちの老後

江戸時代は、女性は暮らしにくい時代だったかもしれない。

儒教の教えのもと、女性は「三従」を強いられた。「幼くしては父兄に従い、嫁《か》しては夫に従い、老いては子に従う」。権利なんてなかった。権利はなかったが、従っていれば養ってもらえたので、暮らしには困らない。いい悪いは別にして、江戸時代はそういう時代だった。

では、結婚しないで、子供もいない、結婚はしたが離婚した、あるいは子供ができる前に夫と死別した女性は、老後をどうしたか。

江戸時代は離婚率も高かった。「三年子なきは去れ」みたいな掟もあり、夫から三行半(離婚状)を叩きつけられる女性も多かった。一方で、いまと同じ、働かない、浮気する、暴力をふるうなどという亭主には、女房のほうから三行半なんていうのもあった。

離婚率が高いということは、再婚率も高かった。つまり、亭主に三行半をもらおうがわたそうが、女性は案外早く、次が見つかった。結婚、離婚また結婚を繰り返す女性も案外いた。

「前の亭主が……」「何人前の亭主だ?」「えーと……」、なんて指折り数える強者《つわもの》の女性もいたりした。

最終的に安住の地に辿り着ける女性はいいが、結果、独りで老後を迎える女性もいた。皆が皆、糊屋のばぁさんになれるわけではない。そんなに糊の需要もない。

一、稽古屋の師匠

江戸時代も後期になると、人々の暮らしに余裕ができる。経済がよくなると、庶民もいろいろと金を使う。美食や、お洒落、芝居見物……、そのほかにも文化的な趣味を嗜む。囲碁、将棋などの勝負ごと、俳句、川柳、短歌、狂歌などの文芸、戯作を綴る者もいたりする。さらには数学の問題を出し合い解き合う、なんていう趣味も流行した。

また、芸能も流行する。落語が起こったのもこの頃で、はじめは富裕町人や文化人たちが面白おかしい話を持ち寄って披露し合った。面白おかしい話はそうそう落ちていないから、話をつくるようになる。そうこうするうちに、つくるのがうまい者、話すのがうまい者、聞くだけの者に分かれ、寄席が登場した。

ほかにも音曲を習う、などというのも流行した。端唄や、小唄なんかが歌えるとカッコよかった。また、関西では義太夫が流行し、江戸時代中期に、一中節が起こり、これも流行した。豊後節が江戸に下り、その流れで、常磐津、新内、富本、清元など江戸浄瑠璃も生まれた。それらの音曲を教えるレッスンプロが登場し、街のあちこちに稽古屋ができた。

稽古屋の師匠は、プロになりたい弟子には男性の師匠が好まれたが、ちょいと唄のひとつも覚えたいという江戸っ子には女性の師匠が好まれた。男の師匠は厳しい、女性の師匠は優しく教えてくれるイメージがある。同じ習うなら、女性の師匠に優しく手取り足取り教えて欲しい、そういう男性も多かった。

女性の師匠も、あんまり若いと腕が未熟に思われたので、そこそこ年増が好まれた。年増というのはいくつくらいか。二十七、八歳が乙な年増で、三十過ぎは大年増などといわれたが、それは恋愛対象としての年増の意味だ。

稽古屋の師匠を老後の職業というのは語弊があるが、独身で、ある程度の年齢になったり、離婚や死別で夫を失った女性の職業として、稽古屋の師匠というのはあった。

「稽古屋」

ストーリー：女性にモテたい男が隠居に相談。隠居は男が女にモテる条件として「一見栄、二漢《おとこ》、三金、四芸」というのがあると教えるが、男は顔もよくないし、度胸はないし、金もない。それでは何か芸を身につけたらよかろうと、横丁の稽古屋に通い、唄のひとつも覚えようと出掛ける。稽古屋の師匠は乙な年増で、男はおおいに喜ぶ。

「真景累ヶ淵〜豊志賀の死」

ストーリー：根津七軒町に、豊志賀という三十九歳の富本節の師匠が住んでいた。ここに出入りの煙草屋の新吉は十八歳。昔の煙草屋は訪問販売もやっていて、稽古屋は人が集まるから、煙草も売れた。女の独り暮らしで何かと不自由、男手もいるだろうと、新吉が下男代わりに住み込んで、水汲みや薪割りをするようになる。霜月のある寒い晩、とうとう二人はわりない仲となる。

豊志賀にとって新吉は、恋人であり息子のようであり、可愛くて仕方がない。四六時中イチャイチャしている。男の弟子たちは面白くないから来なくなる。子供の弟子の親も、師匠がふしだらだといい、行かせなくなる。

それでも二人だけの世界を、豊志賀も新吉も楽しんでいたが、年齢差からくる嫉妬で豊志賀は病になる。しかも顔が腫れ上がり、世にも恐ろしい面相になる。世話をしている新吉に「捨てないでくれ」を連呼する。

新吉は豊志賀を見捨てる決意をし、叔父のところに相談に行くが、その間に豊志賀は「今後、新吉の女房は七人まで取り殺す」と書き置きを残して自害する。

＊

ほかにも、乙な年増の稽古屋の師匠が出てくる落語は、「汲み立て」「猫の忠信」「包丁」など、いくつかある。

男性が音曲を習いたい理由は、唄のひとつも歌って女性にモテたいから。いまでもカラオケで女性を口説く男はいる。「稽古屋」の隠居のいう「一見栄、二漢、三金、四芸」、モテるためには芸は重要だ。

さらには、稽古屋の師匠が乙な年増だと、手頃なところで師匠を口説こう、などという了見の男たちが現れる。口説こうと思わないまでも、手近に独身の、乙な年増がいれば、なんとなくワクワクしたりする男性心理はわからなくはない。こうした師匠目当てで稽古屋に集まる男性たちを、経師屋連といった。経師屋とは掛軸などの補修や、襖の張り替えなどをする仕事。師匠を張り合うから経師屋連だ。

一方、こうした稽古屋には子供たちも唄や踊りを習いに来る。習いに来るのは良家の女の子が多い。男の子は寺子屋で素読を習い、女の子は嗜みのひとつとして、唄や踊りを習った。

稽古屋の師匠は、元芸妓などという人も多かったが、一般家庭の出身者もいた。前にも書いた、なんとなく独身で年齢を重ねてしまった女性や、離婚や死別で夫を失った女性だ。そうした女性が糧を得るために、子供時代に習い覚えた音曲を頼りに、稽古屋を開くなどというのもあった。

音曲の腕はたいしたことがなくても、乙な年増だと、男性の弟子が集まり、生活には困らなかった。豊志賀や「汲み立て」の師匠のように男ができると弟子は離れるが、それもその女性の生き方だ。

一方、腕を磨いて、芸の力で弟子を集め、年齢を重ねれば味わいも出て、指導力も上がり、老練な師匠として人生を送る女性もいたのだろう。

豊志賀が教えていた富本は、江戸時代後期にはじまった浄瑠璃だが、上品な音曲として流行し、大奥の女中たちも演奏したといわれている。早くに流行から離れたが、現代でも継承されている。富本のような音曲を習う良家の子女はずいぶんいた。

豊志賀は、本名は、おしが。父親がある日、突然、失踪する。実は旗本、深見新左衛門に殺されていた。豊志賀が愛した新吉は、実は深見新左衛門の次男という、「真景累ヶ淵」はそうした因果因縁が入り乱れた壮大な物語。父の失踪で仕方なく、習い覚えた富本で糧を得て、固い師匠として三十九歳まで生きてきたのだ。

二、仕立て、繕い物

良家の子女の習いごととして、音曲のほかに、針がある。鍼灸の鍼ではない。ソーイングの針だ。つまり裁縫。

江戸時代は自分たちで反物を買って着物を縫った。古着を買っても、長さの調整など、解《ほど》いて縫い直すことはままあった。

一家の主婦は針の持てる人がかなりいた。

だから良縁の条件としても、針が持てる、裁縫ができる、というのはかなり重要であった。

それでも、金持ちの奥様は針なんか持たないいし、不器用で裁縫が苦手な女性もいる。浴衣くらいなら気楽に縫ったが、いざ、きちんとした着物だと、しかるべき職人に縫ってもらいたいと思う人もいた。だから仕立て屋という職業もあった。

仕立て屋は基本、男性の仕事であったが、下請けとして女性も請け負うことがあった。針が持てるというのは良縁の条件であると同時に、夫と別れてしまったあとの女性が糧を得る方法としても重要であったのだろう。

「子別れ」

ストーリー：知り合いの隠居の通夜のあと、熊五郎は酔いに任せて吉原へ繰り出す。吉原で昔なじみの女と再会し、居続けをして、それが原因で、熊五郎は女房、子供と別れてしまう。

三年後、熊五郎は酒を断って、立派な棟梁となった。偶然、別れた子供の亀坊と再会する。元女房は裏長屋に住んで、仕立てものの賃仕事をやりながら細々と亀坊と二人で暮らしているという。

＊

熊五郎の女房は針が持てたため、亀坊と二人で暮らしていくことができた。しかし、決して安楽な暮らしではなかった。

亀坊が熊五郎と再会したことで夫婦はよりを戻す。それがハッピーエンドとして人情噺の幕切れを飾る。たとえ手に職があったとしても、女性が独りで生きていくことがどれだけ過酷であったのか。そういう時代であった。

三、高利貸し

結局、男でも女でも、老後の頼りは金ということか。

若い頃、そこそこ金を貯めても、いくつまで生きるかわからないから、その金で暢気に隠居なんてなかなかできない。

そこで、いまある金を居ながらにして増やす方法として高利貸しがあった。現在の、小規模経営のサラ金である。

誰でも急に金のいることはある。親戚や友達がすんなり貸してくれればいいが、それがうまくいかないこともままある。昔もいまも、そういった需要はあった。

長屋には小金を貯めているばぁさんがいて、急に入り用な一両、二両を即金で貸してくれた。ただし、相応の利息を取ってだが、それでも金の必要な人たちにはおおいに助かった。

困った時に助かったのであるから、借りた人もばぁさんに感謝して、金が入ればすぐに返した。利率は高くてもすぐに返すから、実際の利息の金額はさほどではなかった。

なかには、なかなか返さない奴もいて、そういう奴は利息も増えて、ちょっとやそっとでは返せなくなる。そんな時はどうしたか。ほかの借りている連中は、困った時に助けられたからばぁさんに感謝をしている。そんな連中がばぁさんの代わりに取り立ててくれたりもした。貸しているのはばぁさんだから、「弱い者いじめをするな」といわれたら、江戸っ子として肩身が狭い。なんとか調達してすぐに返した。

そうして細かく利息で稼ぐと、結構、金に執着ができて、そうなるとなかなか死なない。金を稼ぐというのは長生きの秘訣でもあるのかもしれない。

「七度狐」

ストーリー：旅人が道に迷い、寺に泊めてもらう。寺主の尼僧が出掛けてしまい、留守を頼まれたところに、村人が大勢、棺桶を担いでくる。棺桶のなかには、さっき死んだ金貸しのばぁさんが入っているが、これが金に気が残って成仏していない。時々、棺桶の蓋を開けて「金返せ～」。そんなばぁさんの死体の入った棺桶を置いて、村人たちは帰った。真夜中、お灯明の灯が消えると、ばぁさんが「金返せ～」、驚く旅人……、実はこれは狐に化かされていた。

*

金貸し業は、ばぁさん、盲人など、社会的弱者の仕事だったようだ。弱者だが多少の金があるから融通し、ほかの人は金を借りた恩があるのと、相手が弱者だから何かと親切にする。相互扶助があるから社会がうまく機能していた。

*

上方の旅噺、伊勢に旅する「東の旅」の一席。おなじみの噺である。

四、物乞い

男でも女でも運に見放されたら、人の情けで生きるしか道はないのかもしれない。

「双蝶々雪の子別れ」

ストーリー：長吉は継母に育てられたためグレて悪事を働き、とうとう人を殺して逃亡する。

数年後、父親の長兵衛は病にかかり、継母のおみつが物乞いをして暮らしていた。そこへ逃亡中の長吉が通り掛かる。長吉は自らの悪業のため両親が辛い暮らしをしている、親不孝に心を痛めるが、奥州で大盗賊となっていた長吉には捕吏《ほり》の手が迫っていた。すがるおみつをふり捨てて、長吉は逃げていく。

＊

年を取ると病にもなる。病になって職を失えば、福祉のない時代は物乞いをするしかなかったのだろう。

＊

「双蝶々」は長い噺で、前半は長吉が丁稚《でっち》の定吉を殺す場面が秀逸。六代目三遊亭圓生の名演が冴えた。

義母と再会する場面は後半になる。

「たらちね」

ストーリー‥八五郎に大家が嫁を世話する。嫁は屋敷奉公をしていたために言葉が丁寧過ぎて意味がわからない。困惑する八五郎との、成立しない会話の面白さが聞きどころ。

＊

この噺の途中、嫁を待っている八五郎のところへ、突然、束子《たわし》売りのばぁさんがやって来る。

「長々亭主に患われ、難渋をしている者でございます。どうか束子をひとつ買ってください」

束子を販売しているのだが、安価なものでも一般家庭でなかなか束子は買ってくれない。そこで「長々亭主に患われ」といって、同情を誘って束子を売るのである。限りなく物乞いに近い。

これに対して八五郎は、「縁起でもねえ、あっちに行け、女乞食」と罵るのである。

この場面、あまり面白くないし、八五郎が意味なく老婆を罵るので、現代のコンプライアンス的によろしくないのでカットされることも多い。

束子を売っているので商人ではあるが、年を取って配偶者が病になれば、物乞い同然の暮らししか待っていないのかもしれない。

五、淫売宿の経営

江戸で遊女屋といえば「吉原」だ。「吉原」は公娼、すなわち幕府公認の売春の街であった。

江戸のはじめ、各藩の留守居役が情報交換や接待に料理屋を用いた。そこで料理のほかに女性の提供も行ったのが、吉原のはじまり。そこに町人たちの需要に応えて、売春街が現在の中央区人形町のあたりにできた。あまり街の中心に売春施設が林立するのは好ましくないと、明暦（一六五五〜五八）の頃、いまの台東区千束に移された。落語などに登場する「吉原」はここで、「新吉原」ともいわれた。

しかし、吉原は公娼であることからも、さまざまな「しきたり」があり、また料金も高額だった。ために一般庶民は、気楽に遊べる私娼窟を利用した。もちろん違法ではあるが、原則違法で、営業はお目こぼしがあり、摘発されることはまずなかった。

私娼には四宿（品川、新宿、板橋、千住）のほか、江戸のあちこちに岡場所があった。有名なところは根津、谷中、深川など。根津は根津神社の近くで繁盛した。谷中はいまの日暮里駅から谷中霊園を抜けたあたりの一角、深川は富岡八幡宮の近くである。

岡場所のような遊女屋街のほかにも、路地を入った飲み屋街みたいなところで営業する私娼窟が、江戸のあちこちに存在した。それらの店は、飲み屋の二階座敷かなんかで、その家の娘が客を取った。経営しているのはばぁさんが多い。つまり、年頃の娘や孫がいるばぁさんが、この手の店を経営していた。

「臆病源兵衛」

ストーリー：八五郎が、友達で臆病者の源兵衛を暗がりで驚かすと、源兵衛はあまりの恐怖に持っていた薬缶をふり回し、八五郎を撲殺してしまう。兄貴は、このままでは源兵衛は人殺しでお縄になる、可哀想だからと、八五郎に帷子《かたびら》を着せ、菜漬けの樽に入れて、「どっかに捨てて来い」という。夜中、棺桶を背負って、自分が殺した八五郎の死体を捨てに行く源兵衛だが、恐怖から道に放置して逃げてしまう。

八五郎は、実は仮死状態だった。目を覚ますと、あたりは真っ暗で自分は帷子を着ている。死んだと思った八五郎はあたりを歩き回るうち上野へ出る。不忍池の蓮の花を見て極楽に来たと思うが、役人に怒鳴られ鬼だと思い、やはり地獄に来たと思う。やがて、広小路の裏の私娼窟に迷い込んだ八五郎は、包丁で肉を切っている老婆と出会い、地獄の鬼婆かと思うが、おそるおそる、ここは地獄か極楽かと訊ねる。

＊

娘や孫にとっても、老母や老祖母を養うのは孝行だと教えられているのだろう。それは決して極楽なんかじゃない。娘や孫に客をとらせる老婆にとって、地獄よりもさらに悲惨な老後である。

＊

十代目金原亭馬生が演じていた珍しい噺。五街道雲助を経て、桃月庵白酒ら孫弟子たちに継承されている。

六、遊女の老後

女性の職業のひとつに、春を鬻《ひさ》ぐ、遊女がある。

遊女は、現役年数は短い。

遊女の定年、というか吉原では、二十八歳くらいで年季明けとなる。

いまの二十八歳じゃない。人生五十年といわれた頃の二十八歳で、その頃は二十七、八歳が乙な年増と呼ばれ、三十過ぎは大年増といわれた。

これはあくまで、吉原の花魁《おいらん》の話である。

年季が明けた女たちは、どうしたのか。


「根津や谷中でお茶引くよりも、わたしゃ田の草取るがよい」

これは二上がり新内の文句である。

根津や谷中とは、前出の岡場所、私娼窟である。

吉原で年季は明けたが、借金が残っていたり、行く場所のない女もいた。そういう女たちは、四宿などへ住み替える。吉原では年齢オーバーでも、四宿や、岡場所ではまだ需要があるということだ。

そこでも年齢を重ねると、なかなかお客がつかなくなる。「根津や谷中でお茶引く」というのは、岡場所の女郎になってお客がつかないという意味だ。

それはかなり惨めな状況であるため、そんなことになるくらいなら、田舎へ帰って田んぼの草取りをしたほうがマシという意味だ。

だが現実はどうだろうか。親に売られたのだから、親の家に帰るというのが普通のことかもしれない。だが、親はもう死んでいたり、兄弟が家を継いでいたりすると帰り辛かったりもする。

結局、どこかの私娼窟で朽ち果てる、という結末を迎えることになるのだろう。

遊女が埋葬された投げ込み寺が吉原にはあった。

浄閑寺と西方寺だ。だが、浄閑寺は実は投げ込み寺ではなかった。安政の大地震（安政二年、一八五五）で吉原でも大勢の遊女たちが死んだ。身寄りのない遊女や、どこの誰かもわからず死んだ客なんかもいて、それらをまとめて浄閑寺に葬ったところから、投げ込み寺のイメージになったようだ。

万治の頃（一六五八～六一）、吉原にいた二代目高尾の夫、島田重三郎こと土手の道哲が、吉原の近くに庵をつくり仙台侯に殺された高尾の菩提を弔った。その後、多くの遊女たちの菩提を弔い、やがて西方寺となった。大正十五年に西巣鴨に移転、二代目高尾の墓はいまもある。

贔屓の客と所帯を持つ、などということはあったのか。

「紺屋高尾」や「幾代餅」は一途に思い込んでくれた男性と夫婦になる、遊女からみてもハッピーな物語だ。「山崎屋」のように大店の若旦那に身請けされるなんていう話もないわけではない。

だが、現実はもう少し厳しいものがあった。「年季が明けたらお前のもとへきっと行きます断りに」なんていう都々逸《どどいつ》がある。遊女が客に、「年季が明けたら夫婦になろう」というのは、客をつなぎ止める手練のひとつなのだが、むしろ年季が明けて男のところへ行ったら、「遊女なんか嫁にはできない」と男の家族にいわれて行き場を失う、などという女のほうが多かったのかもしれない。

「子別れ」の花魁のように、子供の頃から吉原で暮らして、飯の炊き方も知らない、なんていう女もいた。

花魁のその後はいろいろだ。

豪商に身請けされて、妾になった者もいた。相手は老人の場合が多いから、いくらいくら残しておくように先に遺言を書かせて、老人亡きあと、小商売をして暮らした女もいた。これはしたたかなんじゃない。生きるための術《すべ》だ。

「今戸の狐」に出てくる女は千住の遊女だったが、今戸に住む小間物屋と所帯を持ち、狐の置物の彩色のアルバイトをして幸福に暮らしている。慎ましやかなセカンドキャリアを得た、数少ない幸福なケースだろう。

第四章　人生の終焉

年を取ると、やはり意識するのが「死」だ。

人間はいつかは死ぬ。若くして病気で死ぬことや事故で死ぬこともあるが、なんとか乗り切っても、結局は死なないわけにはいかない。年を取ると「死」が現実味を帯びてくる。

だからといって、そんなに死の恐怖にさいなまれているかというと、案外そうでもない。七十、八十を過ぎた人でも平穏に日々を暮らしている。こればかりは、じたばたしてもしょうがない、ということなのかもしれない。

さて、死ぬとなると、どういう死に方が理想なのだろうか。病気で何日か寝込み、そろそろ死ぬのがわかって、家族に看取られて死ぬのがいいのか。ある朝、眠るように死んでいるのがいいのか。

前者は苦しみも伴う。後者も少しは苦しむかもしれないが、気がついたら死んでいた、なんていうこともあるんだろう。いや、気がつかないから死んでるんだね。

でも後者だと、いろいろやり残したこともあるんだろう。結構、心残りかもしれない。前者だと一応、遺言ということで子供や孫にやり残したことを伝えられる。それを引き継いでくれるかどうかは別にしても、とりあえずいい残して死ねる。

どういう死に方をするのか、いつ死ぬのか、全部運命。自分で決められないのが、もどかしかったりするのかもしれない。

一、死んだらどうしようか

死んだらおしまい、では案外ない。

武士でも商人でも、自分が抱いた志、あるいは先祖から受け継いだ土地や地位や財産などを、息子や娘や孫、後継者にどう受け継がせていくのか。

また、自分の死後のセレモニー、葬式にも関心が高い。

どんな葬式で、誰が来るのか、誰が泣いてくれるのか、気になるところではあるが、これればかりはお棺のなかからなので、よくわからないのが口惜しいところだ。

「片棒」

ストーリー：商家の主人、赤螺屋ケチ兵衛には三人の息子、金太郎、銀次郎、鉄三郎がいた。自分が死んだあと、財産を守り、増やしていってくれるのは誰か。後継者選びに思案をしているが、一人ずつ呼び出して、自分が死んだらどんな葬式を出してくれるのか、と聞いてみて、三人の了見を計り後継者を決めようと考える。

＊

落語らしい落語。ケチ兵衛は商売を成功させ、そのうえに吝嗇《りんしょく》（極端な倹約家）で、財産を築いた。彼が一代で築いた財産を、息子の世代も守り続けて欲しい。いや、さらに大きくして欲しい。そして、孫や子孫も志を受け継ぎ、財産を増やし続けて欲しい。この家が財産を増やし続けるのなら、ケチ兵衛の志は死んだのちも生き続ける。三人の息子のうち、誰が彼の志を継ぐことができるのか。

金太郎、銀次郎は贅を尽くした葬式をやるという。金太郎は豪華な葬式で、銀次郎に至ってはもうイベント。山車《だし》が出て、神輿《みこし》が出て、花火まで打ち上げる。三人目の鉄三郎は質素な葬式を提案、早桶（棺桶）も用意せず、菜漬けの樽にお父《とっ》つぁんを入れ、出棺時間より早く出棺、そうすれば弔問客に茶を出さずに済むので経費節約になる……。それはそれでかなり寂しい。

鉄三郎も実は兄たちと同じく道楽者だという演出の落語家もいる。だが、鉄三郎はどういえばケチ兵衛が喜ぶのか、空気を読んで質素な葬式を提案した。倹約家か道楽者かより、空気を読む才能があれば、商人として財を増やしていくことも可能なのではないか。

いや、死にいく者に嘘をいい、親の葬式を質素にして浮いた銭で自分が豪遊したい、なんていうことを考えている息子なら、派手な葬式で盛り上がりたいという兄たちのほうが素直でよいのではないか。弔問客をうまく接待して（金太郎は豪華なお重の弁当を出すといっている）、次の商売につなげる、くらいのことは考えているかもしれない。

葬式というのは案外ビジネスチャンスでもある。普段知らない人と故人を通じて出会う、などということもある。

派手に供花を出すのも企業などの宣伝の一環だ。芸能人や政治家の葬式ともなると、ワイドショーのカメラに映る位置に花を置くため、葬儀社にいくらか包む企業の宣伝部員もいるという。

派手な葬式の陰で、心から涙を流すのは兄たちかもしれないが、それはケチ兵衛が死んでみないとわからないことなのかもしれない。

「佃祭」

ストーリー：神田お玉ヶ池に住む治郎兵衛は佃祭の見物に出掛ける。治郎兵衛は、佃島から仕舞い舟（渡し舟の最終便）に乗ろうとしたところを、女に袖を引かれて、舟に乗り損ねてしまう。女は三年前、身投げをしようとしたところを治郎兵衛に助けられ、いまは佃島の漁師に嫁いで幸福に暮らしていた。その恩返しがしたいという。

　渡し舟も出てしまい、治郎兵衛は仕方なく女の家に行く。そこに治郎兵衛が乗るところだった舟が沈んで、乗客も船頭も全員死んだという知らせが入る。情けは人のためならず、かつて人助けをした治郎兵衛は命拾いをした。

　一方、治郎兵衛の家では、佃島で舟が沈んで大勢人が死んだという噂が伝わってくる。治郎兵衛は仕舞い舟に乗るといっていた。治郎兵衛が死んだと思った家族や町内の人たちは葬式の用意をはじめる。翌朝、治郎兵衛が帰宅すると葬式の最中。本人生還で大騒ぎになる。

*

「佃祭」は死にまつわるいろんな話が詰め込まれている、葬式の悲喜こもごも満載のドタバタ喜劇な落語だが、一番面白い笑いどころは本人生還の場面だ。

　治郎兵衛は老人ではない。女房が焼き餅を妬《や》くし、母親もまだ生きている。帰った時に家で葬式をやっているので、自分の留守中に母親が死んだと思い狼狽する。それが自分の葬式だと知って、さらに狼狽。

母親が健在ということは四十歳くらいであろうか。死ぬのはまだ早いが、ぼちぼち死を意識しないでもない年齢で、自分の葬式で誰がどんな態度を見せたかを知ることができたのは貴重な体験だろう。

日頃、焼き餅妬きの女房が治郎兵衛の死にパニック状態になり、揚句は町内の人に治郎兵衛の惚気話《のろけ》までしてしまう。

一番悲しんだのは、日ごろ焼餅妬きで口煩《くちうるさ》い女房だったことを知って、治郎兵衛はホッとしたのかもしれない。

＊

佃祭は佃島にある住吉大社の夏の祭礼で、たいそうな賑わいを見せる。佃島は現在では佃大橋もあるし、地下鉄でも行かれるが、江戸時代は完全な島で、渡し舟でないと行かれなかった。昭和三十年代くらいまで、築地側からポンポン蒸気の渡し舟が運航していたそうだ。

この噺は、治郎兵衛本人が生還のあと、治郎兵衛が身投げを助けた話を聞いた与太郎が、自分も身投げを助けてみたいと、身投げを探して歩くという展開になる。すると、橋の上で袂に石を入れながら泣いている女と出会う。これは身投げだと思った与太郎だが、実は……。落語だから、なんともバカバカしいオチが待っている。

二、葬式マニュアル

落語には葬式の様子を描いた作品がいくつかある。

代表的な二席の落語から、その段取りを知り、江戸の葬式、現代の葬式を考えてみよう。

「黄金餅」

ストーリー：下谷山崎町に住む願人坊主の西念が死んだ。西念は大金を持っていたが、金のことが気になって死ねず、あんころ餅に金を詰め込み、それを飲み込んで死んだ。つまり西念の腹のなかには小粒の金銀で数十両あるということだ。西念が金銀を腹に入れたのを知った、隣家の金山寺味噌屋の金兵衛は、西念の葬式を仕切り、火葬場で西念の腹のなかの金銀を奪おうと考える。

「らくだ」

ストーリー：長屋の嫌われ者、らくだの馬太郎が死んだ。河豚《ふぐ》に当たって死んだようだ。友達のやくざ、丁の目半次がらくだの死骸を見つけた。葬式を出してやろうと思うが、銭もなければやり方も知らない。通り掛かった屑屋の久六を呼び込み、香典を集めさせ、通夜の支度をさせる。半次に暴力で脅されて、久六は奔走する。

＊

「黄金餅」では、まず金兵衛は大家を呼ぶ。

「大家さん、たったいま、隣の西念さんが息を引き取りました」

人が死ぬと、まず大家に報告せねばならない。江戸時代は大家が長屋の行政責任者でもある。現代なら、役所へ死亡届を出すようなものだ。金兵衛は続ける。

「仏の遺言で、身寄りがない、金兵衛さんの寺に葬って欲しいというんです」

「そうかい。なら、そうしておやり。人にしてやるんじゃない。いつかは自分に返るんだ。情けは人のためならず、といってな」

大家さんはいい人だ。金兵衛の企みを知らない。だが、金兵衛が葬式をやるといわなければ、自分がやらなきゃならない。余計な銭がかかるから金兵衛に押しつけられて幸い、というのが本音だろう。

「らくだ」はまず銭だ。なにせ半次は一文無し。らくだの家を訪ねたのも、いくらか貸してもらおうと思ってのことだ。そこで久六にいう。

「今月の月番の家に行って、らくだが死んだことを伝えろ。そのうえで、長屋には祝儀不祝儀の付き合いがあるだろう。月番に香典を集めて来るようにいえ」

月番に伝えれば、大家にも伝わる。行政的な手続きは月番に任せる。ということよりも、まず銭だ。銭がなければ何もできないことを半次は知っている。とりあえず、わずかでも銭が欲しいから、香典を集めさせるのだ。

月番ははじめ、らくだに香典なんか出したくないというが、怖いやくざが来ていると聞き、「らくだが死ねば赤飯を炊く家もあるだろう。赤飯の銭を香典に回すよういうよ」。

優しい月番だね。

「黄金餅」は、次は葬式の段取りだ。

「今夜のうちに弔いを出しちまおうと思うんです」

貧乏長屋だから。

翌日、葬式をやったら長屋の人たちは仕事を休まなければならない。生活費が稼げず困る人もいるから。というのは建前で、腹のなかの金銀を奪うという企みを誰かに気づかれたら困るから、早く葬式を出しちまおうというのが金兵衛の思惑だ。

金兵衛の菩提寺は麻布にある。これで寺と葬儀のスケジュールは決まった。

貧乏弔いの常、早桶（棺桶）の代わりは菜漬けの樽だ。「らくだ」も菜漬けの樽を借りる。「洗って返す」という久六に、「返さなくていい」と漬物屋はいい、古い樽を持って行くようにいう。そら、死骸を入れた樽を返されても困る。

「黄金餅」は、長屋の衆と一緒に麻布の寺へ。仏を担ぐのは、今月の月番と来月の月番が担当する。嫌なことでも長屋の付き合い。文句をいいながらも手伝わねばならない。下谷から麻布までの道中付は五代目古今亭志ん生の聞かせどころだった。

「らくだ」は寺での葬式は行わない。半次に坊主の知り合いはいず、久六は菩提寺に借金があるようだ。久六には母親はいるが、父親はすでに死んでいるから、おそらく葬式の銭を払っていないのだろう。

だが、通夜は長屋で行う。弔問客のために酒と、肴の煮しめ、それに握り飯を用意する。これは久六にらくだの死骸を担がせて大家の家に行き、半次がらくだの手足を持って、カンカンノー（俗謡）を踊らせて脅し取ったものだ。大家は、らくだからは家賃も取れず、酒、肴に握り飯まで提供しなくてはならなくなる。おまけに死骸のカンカンノーまで見せられた。いい迷惑である。

一方の「黄金餅」、寺に着く。和尚と葬儀料金の交渉だ。

「和尚、百ヶ日仕切りでいくらだい」

「天保銭六枚」

「五枚にまけなよ」

「寺で値切るなよ。六枚お出しよ。嫌ならよそへ持ってったっていいんだぜ」

寺は強気だ。よそに持って行くところがない事情を知っている。

天保銭六枚とは、天保銭という百文の価値のある銭が六枚の意味。いまの金額で、一万五千円くらいか。

お経も無事に済むと、金兵衛は付き合ってくれた一同にいう。

「寺が貧乏だから茶も出せない。これから新橋へ行くと夜明かしが出てる。あすこへ行って、なんでも好きなもの飲んで食って、自分で勘定払って帰ってくれ」

上野から麻布まで歩かせて、ほぼひと晩付き合わせて、「自分で勘定払って帰れ」とはひどい話だ。そこへいくと、「らくだ」の半次と久六は、脅し取ったものとはいえ、長屋の連中に酒肴をふるまう用意はした。まだいくらか良心的だ。おそらく、自分たちで全部飲んじゃったんだろうけれど。

皆が帰ったあと、天保銭六枚払って焼き場の切手をもらう。焼き場の切手とは火葬の許可証だ。昔は寺が発行した。これが欲しいから、金兵衛も和尚のいい値を支払う。そうして、今度は一人で樽を担いで霧ヶ谷の火葬場へ行く。

霧ヶ谷の火葬場とは、現在の西五反田の桐ヶ谷斎場ではない。麻布のあたりが昔は霧が立ち込めていたため、そう呼ばれていた。

「らくだ」は寺に行かないので、焼き場の切手がない。だが、久六が隠坊《おんぼう》（火葬場の管理人）と知り合いで、しかもいくらか貸しがあった。だから頼めば焼いてくれる。くれるのか？

「まぁ、俺に任せておけ」

酒を飲んで気が大きくなった久六にいわれるまま、半次と久六はらくだを担いで、落合の火葬場へ行く。落合は現在の新宿区の落合だ。

こうして無事に葬式は終わる。半次と久六はそれぞれの家へ帰り、金兵衛は西念の腹から金銀を奪い、それを資本に目黒に餅屋を出して繁盛したという。

＊

これはごく貧乏な人の葬式。普通の人はもう少しはまともだ。通夜は言葉通り、夜を通し死者を見守る儀式。現代のような宴会（お清めの宴）ではない。酒と飯は出るが、ほぼ黙って、死者との時間を過ごす。酒を飲んでも居眠りもできない。昔の通夜は、かなりの苦行だったそうだ。それだけ、ゆっくり死者との別れの時が過ごせたということかもしれない。

翌日はお寺まで、皆で行列で行く。出棺は午後。通夜に参加した人たちも、一度家に帰りひと寝入りしてから来られる時間になる。

出棺の前に家族は飯を食べる。これがお替わりなしの一膳飯で、味噌汁を掛けて、一本箸で食べる。よく一般家庭に食事に呼ばれた時、「一膳飯は縁起が悪い」とお替わりをすすめられるのは、昔の葬式の風習からいわれたこと。同様に、飯に味噌汁を掛けて食べるのがいけないといわれるのも、行儀が悪いからではない。

寺では家族、親戚は本堂で読経を聞き、ほかの弔問客は別室に控える。このあたりはいまと同じだが、別室には菓子が盛られている。これを食べる人はいなかった。余った菓子は近所の子供たちに配った。これが葬式饅頭。弔問客には帰りに、黒豆で炊いた赤くない強飯を持たせた。これで葬式は終了である。

現代の通夜、葬式は葬儀社が仕切る。西念やらくだのように自宅で死ぬ人も少ない。自宅で死ぬと、医師の診断書を届け、場合によっては警察の調査もある。警察が「変死」と判断すれば、家族がいろいろ調べられる。

江戸時代は死が身近で、病院で死ぬことはなく、だいたいが家で死んだ。大家が死を見届けて、怪しいところがなければ大丈夫だった。大家は素人だから、犯罪が見逃されたケースもあったのだろう。

「黄金餅」は金兵衛が優しい隣人を演じて大家を騙した。「らくだ」の大家はカンカンノーで脅されて何もいえなくなっている。

現代は通夜、葬式も自宅、寺、斎場、町内の集会所など、規模や家庭環境により、いろいろな場所で行われる。葬儀社が酒、仕出しの肴、寿司などを用意する。葬儀社と契約している寿司屋や仕出し屋がある。

火葬場の混雑状況でスケジュールが決まり、通夜があり、翌日、告別式があり、そのあと、火葬場に身近な人たちで行くという段取りだ。

葬式も宗教によりさまざま。仏教なら僧侶が読経をし、焼香。キリスト教だと、お説教を聞いて、皆で賛美歌を歌う。無宗教で、故人が好きだった音楽を流しながら献花をする、なんていうのもある。

いまはコロナ禍で家族葬や、葬式をやらない家も多い。芸能人や政治家、会社経営者などは弔問客も多いので、スケジュールも考え、葬式とは別に、しばらくしてからお別れ会を行うこともある。間に日数がかかるのは、それなりの広さの会場を用意したり、弔問客に案内状を出すのに時間がかかるからだ。

葬式も多様化している、ということだ。

三、自宅で死ぬ

いまはたいてい病院で死ぬ。昔は自宅で死ぬことがほとんどだった。

自宅で死ぬ場合は家族に看取られる。家族は悲しみにくれるだろうが、悲しんでばかりもいられない。

すぐに葬式の準備をし、弔問客の応対をする。泣いていいのは配偶者くらいで、成人した息子、娘はやることが多い。しばらくすれば形見分けなんかもしなくちゃならない。

「泣く泣くもよいほうを取る形見分け」

いいものがどこにあるのか確認もしておかないと、ぼんやりしていると親戚に持っていかれちまうこともあったりするから油断がならない。

「近日息子」

ストーリー：父親は息子が頼りないので心配でならない。「芝居の初日がいつだか、見に行ってくれ」と頼んだら、「明日だ」という。「近日初日」と書いてあった。「近い日は明日だから明日だ」という息子。常識が備わっていない。一事が万事こんな具合。「何事も先に先に考えて気を利かせなくてはいけない」と小言をいう。

そうこうするうちに、父親は頭が痛くなってきたので布団を敷いて寝る。すると息子がどこかに走って行った。先に気を利かせて医者を呼んで来た。父親は病気ではない。息子が心配で気分がすぐれないだけ。「どこも悪いところはない」と医者は脈をとりながら首をかしげる。また、息子がどこかに走り去った。

医者が首をかしげたから、先に気を利かせて、この息子は葬儀屋を呼んでしまう。近所の人たちは父親が突然死んだのかと思い、大急ぎで弔問に来ると、死んだはずの父親が応対するので驚く。

＊

人の死は家族だけでない。近所の人、その人の付き合いがあるすべての人に影響がある。葬式とは、その人の死を受け入れるための儀式である。一方、家族は、ホントは泣いていたいのだ。でも、葬式の準備で忙しくしていれば泣いている暇もない。忙しく動き回ることで、しばしの間、悲しみを忘れることができる。悲しみを忘れる時間、それが儀式でもあるのだ。

四、天寿

「あの人は天寿をまっとうした」ということがある。
お祝いをすることもある。天寿、長寿を祝う。よくここまで生きました。お疲れ様の意味もある。また、それに続く息子や孫も、あやかりたい、という思いもあったりする。

天寿とは一体、何歳くらいをいうのだろうか。平均寿命が五十歳くらいとするなら、還暦くらいまで生きれば天寿だろうか。

還暦とは六十歳（数え六十一歳）。十干、十二支の干支をひと回り六十年で、還暦となる。一般にも赤いちゃんちゃんこを着て長寿を祝う。これを人生の節目に考える人が多く、企業などで定年退職を六十歳としているところは、還暦に由来していることが多い。近年では、定年も六十五、七十と延長しているところも多いので、「還暦」を節目とすることはないかもしれない。

還暦の先は、古希。古来、希《まれ》な年齢ということらしい。これが七十歳で、現代ではまれでもなんでもない。

その先は節目も洒落になる。

喜寿は七十七歳。草書体の「㐂」より。

傘寿は八十歳。「仐」の俗字は八十と書く。

米寿は八十八歳。「米」という字をバラバラにすると、「八十八」になる。ちなみに米をつくるには、八十八の工程がかかるといわれている。桂米朝の俳号は「八十八《やそはち》」で、米の字から取っている。

卒（卆）寿は九十歳。

白寿は九十九歳。「百」から「一」を引いて「白」。

ようは何歳まで生きたから天寿ということではない。長生きでも死んだら身内は悲しいが、ある程度生きたところで「天寿」といえば、家族にとっては慰めにはなるのだろう。

「強飯の女郎買い」

ストーリー：この落語は「子別れ」の上段になる。熊五郎は知り合いの隠居の通夜に行く。さんざん飲んで酔っ払い、知り合いの紙屑屋と一緒に吉原に繰り出す。

＊

亡くなった隠居は九十六歳で天寿をまっとうした。

「人間だからいいようなものの猫なら化けている」という熊五郎。「人間だからいいようなもの」というからは、九十代半ばまで生きる人もまれにはいたということだ。

「あれは、なんですかね。年を取り過ぎて耄碌《もうろく》して死ぬのを忘れちゃってたんじゃないですか」

年齢を重ねると、認知症が進むこともあるのだろうが、死ぬのを忘れたわけではあるまい。

「ご身代もあるから、あのくらい長生きされて申し分はない」、別の弔問客はいう。

長生きをするには、やはり金だ。身代がしっかりしているから、天寿まで長生きができた。やはり貧乏人はなかなか九十代までは生きられなかったのか。貧乏人と金持ちとでは天寿の意味も違ったのだろう。

貧乏人だって天寿を祝うのだろうが、それは家族や隣人にとって、やれやれ亡くなった、ホッとしましたという祝いかもしれない。そこへいくと金持ちは心から天寿を祝った。

「強飯の女郎買い」の遺族は、通夜には上等の酒を用意し、弁松の強飯をふるまう。

弁松は日本橋にある、江戸時代から二百年近く続く折詰め弁当屋である。歌舞伎見物に行く時に買って行く人も多いらしい。濃いめの味で、酒の肴にもいい。

手伝いに来た熊五郎が自由に酒を食らい、弁当を持って行くのも、金持ちの天寿ゆえのことだ。

「隠居は極楽に行ったんでしょうかね」

「そんなのはわからないよ」

「隠居は極楽に行ったんだよ。俺も極楽に行きたい。いまから行こう。吉原という極楽へ」

熊五郎だけでなく、隠居の天寿にあやかろうと、葬式のあとに遊女買いに出掛ける人も多くいたようだ。

いや、死者が若ければ若いで、

「あんなに若くして亡くなって可哀想だ。彼はなんか楽しいことはあったのか。まぁ、俺たちもいつ死ぬかわからない。いまのうちに楽しんでおかなきゃ損だ」

とかなんとかいって、出掛ける。

葬式帰りに吉原へ行くのは、なにも山谷に寺が多かったからではない。どこの寺であろうと、近くに私娼窟はあった。

男はスケベでしょうがない、のではない。これも一種のお清めであり、死者への供養でもあったのだ。そんなわけないだろう。

五、死ぬのはいつがいいか

人間、いつかは死ぬのであるが、死んだらどうなるのか。

死んだことのある経験者がいないから、わからない。

ある人が「あの世はとても楽しいところだ」といった。「だって、帰って来た人がいないじゃない」

いや、縛られたりして、帰って来られないのかもしれない。

善行を積めば天国（極楽）に行き、悪行を行えば地獄に堕ちる。地獄というのは、嘘つきは閻魔大王に舌を抜かれ、針の山や血の池で、鬼に責められる。だからといって、皆が皆、善行を積むかというと、そんなことはない。そんな時に僧侶や聖職者はいう。

「お寺（教会）の掃除や修繕を手伝えば、善行を積んだことになりますよ」

いや、忙しくて、掃除に行く時間なんてない。

「なら、お金を寄付していただければ、善行を積んだことになりますよ」

寺や教会に寄付すれば、地獄に堕ちずに済む。これを「地獄の沙汰も金次第」という。

沙汰とは裁判の判決。地獄の入口で閻魔大王が、地獄行きか極楽行きかを決める。浄玻璃《じょうはり》の鏡に死んだ人間の一生が映画みたいに映り、沙汰が下る。これは実は仏教でなく、道教の発想だ。

仏教では、そんなことはいってない。むしろ生きることは修行だといっている。辛いのが当たり前。昔は生きるために、皆、必死で働いた。働くとは自然との戦いだった。自然との戦いに勝って多少の富を得ると、今度は人間同士で争う。自然との戦いや戦争、そして、病気になれば苦しみ、長生きをして老いれば苦しみが待っている。そうして人間としての修行を終えて死ぬと、今度は六道を輪廻する。ほかの世界に生まれ変わるのだ。

六道とは、天、人間、修羅、畜生、餓鬼、地獄。

地獄で苦しんだり、馬や牛に生まれ変わったり、飢えたり、戦ったり、いろんな修行をする。そしてまた、人間に生まれ変わったりもする。生まれ変わって、何度も修行をやり直す。

そうやって何度か六道を巡り、悟りを開いたら「仏」になれる。「仏」がなんなのか、難し過ぎて、正直わかんない。だが、なんとなくわかるのは、酒が飲みたいとか、うまいものが食いたいとか、それこそ男女の愛とか、そういうことをなんとも思わなくなるということ。いいことだけでなく、苦しみも克服して「無」となる。「無」となって宇宙と同化する。

死んだらどうなるかがわからないから、死ぬのが怖い。

年を取ると、そろそろと思うのか、案外死を恐れない人もいる。滅茶苦茶恐れる人もいるけれど、それは単に個人差なのかもしれないが、年を取ると死後の世界のことがなんとなくわかるのかもしれない。

「地獄八景亡者戯」

ストーリー：ある男が鯖《さば》に当たって死んだ。気がつくと、死装束でおがらの杖をついて歩いている。そして、同じような人たちが、ぞろぞろ、ぞろぞろと歩いている。しばらく行くと、男は数日前に死んだ伊勢屋の隠居と会う。男は隠居の葬式に行っていた。二人はあの世への道連れとなる。これから亡者は閻魔の裁きを受けて、罪がなければ極楽、罪があれば地獄へ行くことになるらしい。

そのあとから来たのは、河豚に当たった一団、こやつらは金があり余っている若旦那と、その供の芸妓や幇間《ほうかん》たち。道楽も遊山もやり尽くして、あとやってないことは何かないか、そうだ、地獄見物に行こうと、皆仲よく河豚に当たってやって来た。死んだって、こいつらはご陽気だ。

三途の川に来ると、聞いていたのと様子が違う。亡者の着物を剝ぎ取る三途の川のばばぁがいない。そこには話があって、ばばぁの器量がいいのに目をつけて閻魔が妾にして、そのばばぁが男前の鬼と間男して追い出され、とうとう、のたれ生き……。

向こう岸には広い道がある。これがあの世のメインストリートの冥土筋、もちろん御堂筋の洒落。芝居小屋や寄席が建ち並んでいるが、出演者は全員、昔の名優、名人ばかり。念仏町へ行って念仏札を買うと、閻魔の裁きの免罪符になる。これが「地獄の沙汰も金次第」。浄土宗じゃない人も、それぞれの宗旨で免罪符を売っている。このあとも閻魔の裁き、地獄の責めと続くが、全部笑い飛ばしてしまう。

＊

地獄もなんだか楽しそう。だが、これは落語の噺で、ホントはどんなだかは誰も知らない。

極楽が舞台の落語はたぶんない。極楽っていうところは、皆が心穏やかに、にこやかに暮らしている。極楽に行った人たちは終始笑顔だが、それを見て面白いかといわれたら、面白くはないよな。「苦」のないところには、「笑い」は起こらないものなのかもしれない。じたばたするから、物語になる。

死んだらどうなるかなんてわからないが、人間、いつかは死ななければならない。貧乏神や疫病神の世話にならずに人生を送れる人はまれにいるが、死神のお世話にだけはならないわけにはいかない。

さて、では一体、いつ頃、死ぬのが理想なんだろうか。

「死ぬならいま」

ストーリー：吝嗇な男が死の前に、「地獄の沙汰も金次第」と聞き、遺族に、自分が死んだら相応の金を一緒に棺に入れるよういって死ぬ。吝嗇な男の遺族たちだから、彼らも吝嗇。金を棺に入れるなどもってのほか。そこで贋金《にせ》をつくって棺に入れた。男は閻魔庁で、閻魔大王はじめ役人たち、獄卒たちに賄賂をばら蒔《ま》いたので、極楽に行った。

一方、地獄ではプチバブルが起こった。急に大金が入った、閻魔大王や役人、獄卒たちが仕事もせず遊び歩くようになる。さらにこれが贋金だと発覚し、あの世の警察が閻魔大王、役人たち、獄卒たちを全員逮捕した。地獄に怖い連中がいなくなった……。

＊

オチの手前までストーリーを書いた。これ、八代目林家正蔵や十代目金原亭馬生、名人のを聞いたことがある。なんとも、おかしい。おかし過ぎる落語。

「死ぬならいま」かもしれないが、だからといっていま死ねるもんでもない。死にたくないと思っても時がきたら死ぬ。

現世は現世で、楽しかったり、辛かったり。それを含めて、いろんな経験になるのではなかろうか。

第五章　最期まで健康に生きるには

平均寿命が五十歳くらいの江戸時代においても、人々は晩年の幸福を願っていた。「若い頃の苦労は買ってでもしろ」というように、若い頃は苦労しても、年を取って幸福なほうがよいということだ。

占いでも、吉な人生は、若い頃は苦労が多いが、「晩年は幸福」というのが多い。なんだろうね。若いうちに苦労して、早く死んじゃったら、苦労のし損じゃないのか。だから、人々は死なないように、健康に注意したのだろう。

一、病気になったらどうしたか

医学が発達していない時代。抗生物質もないし、患部を切除するという外科的な理屈はわかっていても、麻酔がないから簡単に手術もできない。

そんな時代に病気になったら、どうしたらよいのか。

座して死を待つしかなかった……。いや、なんかないの？

ひとつには薬を飲む。薬草とかの研究は案外進んでいたので、一定の効果はあったろう。

痛み止めや、風邪薬なんかはあった。朝鮮人参は高価だが、健康の増進には効いたのだろう。

鍼や灸も、軽い病気には効いた。

だが、もっとも効くのは神信心だった。

神様や仏様に祈る。

昔は寺が病院の役割も兼ねて、薬師寺なんていうのがあって、薬の配布や簡単な外科治療なんかを行っていた。だから、病気になると、寺に行った。

どの道、医学が発達していない。頼れるのは神様しかいない。

「病は気から」というのもあるから、信仰心で、なにがなんでも生きたいと心に願えば、気力で、軽い病気なら進行を遅らせることもできたのかもしれない。

神頼みというのは、もうしばらくすると死ぬことがわかっていて、あの世での幸福を祈るために、いまから仏門に帰依しておこうという考えもあったのだろう。武士や公家が隠居し、さらに何年か過ぎて出家をするのは、そういう意味があった。

落語には老人の病はあまり出てこない。

死に直結するから、笑えないというのはある。

目の病はよく出てくる。「心眼」「景清」など、薬師などに参り、目が見えるようになったりする。

浪曲の「壺坂霊験記」は観音様のご利益で、盲人がみごとに開眼する。

目の治療では、「犬の目」「目薬」なんていう落語がある。

「犬の目」

ストーリー：目を病んだ男が、横浜の西洋医学の医者のもとに治療に行く。医者は男の目玉を刳《く》り貫《ぬ》き、薬品で洗浄する、という治療法を用いる。ところが、目を洗浄して乾かしている時に、犬が来て目を食べてしまう。

怒った医者は犬の目を刳り貫き、患者に犬の目を入れる。男は目が見えるようになったが、犬の習性が現れて……。夜中に遠吠えをしたり、電信柱を見ると小便をしたり……。

＊

落語家や落語の作者がものを知らないで、面白いからそんな話を想像だけでつくったのだろう。文明開化の時代で、西洋由来のものがいろいろ取り入れられた時代、医学も進歩しているなかでできたバカバカしい噺だ。

「目薬」

ストーリー：目を患った男が薬屋で目薬を買って来るが、男も女房も字が読めない。平仮名と簡単な漢字はなんとか読める。処方に「この薬を耳かき一杯めじりにつけるべし」と書いてある。「めじり」の「め」を漢字の「女」と間違えた男は、目薬を女房の尻に塗ったら……。

＊

「壺坂霊験記」や「犬の目」のような、あり得ない話でも、落語や浪曲といった語り芸の世界では、芸の力で聞かせてしまうというのはある。夢物語は面白ければよい。一方で、「目薬」のような、現実にリアルな面白さを求めるのも落語である。

虫歯というのも困った病気だ。虫歯は梨を断って戸隠に参ると治るといわれた。戸隠は天台宗と神道が混ざった山岳信仰。江戸時代は仏教と日本の神様はごちゃごちゃだった。戸隠は徳川幕府の保護下、寛永寺の末寺になったけれど、明治時代の神仏分離政策で戸隠神社になった。
虫歯にご利益があるのは戸隠の奥社の九頭龍社。しかし、梨にはソルビトールというのが含まれていて、虫歯菌抑制の効果があるんだとか。梨を断つのではなく、たくさん食べたほうが虫歯予防になる。戸隠と梨と虫歯は、落語「佃祭」の後半に登場する。

虫歯とか、疳《かん》の虫というように、昔は病気は体のなかにいる虫が起こしているといわれた。男性の痛みを伴う原因不明の病気を総称して「疝気《せんき》」という。疝気の人は体内で疝気の虫が暴れているのだ。

「疝気の虫」

ストーリー：疝気の研究をしている医者が、疝気の虫の夢を見る。疝気の虫は蕎麦が大好き。一方、唐辛子が苦手。唐辛子に触ると体が溶ける。そこで、患者の男性が唐辛子を食べると、別荘（金玉の袋）に逃げるのだという。
疝気の患者に呼ばれた医者はある治療法を考え、女房に蕎麦を食べさせ、患者の口元で蕎麦の匂いの息を吐かせる。疝気の虫たちが、患者の腹から上がって来て、女房の口に飛び込む。女房の腹のなかは蕎麦がたっぷりで、疝気の虫たちは暴れ出す。そこで医者は唐辛子を溶いた水を女房に飲ませる。あわてた疝気の虫たちは「逃げろーっ」と別荘へと急ぐが……。

疝気の虫たちの大暴れが楽しい一席。

＊

医師の国家資格なんていらなかった時代、医者になろうと思ったら、どっかの医者の家に住み込みで弟子入りして、雑用をやりながら医学を学んだ。なかには薬屋に奉公して、薬の名前を覚えて医者になる、なんていうのもいた。

落語には、藪医者もよく出てくるし、これからおいおい藪になる、藪以前の筍《たけのこ》医者なんていうのも出てくるから、ある意味怖い。

名医と呼ばれる医者には、「一文笛」に出てくるような守銭奴みたいな医者も多い。あるいは、「牡丹灯籠」の山本志丈のような、懐に手品の種を仕込んで、気鬱病のお嬢様や、金持ちのご隠居を訪ねて話し相手になって礼金をもらう幇間医者や、「紺屋高尾」や「幾代餅」に出てくる吉原ガイドが本業みたいな医者もいたりする。これらの人たちは、医者というよりも心理カウンセラーのような仕事で、確かに話し相手になることが気鬱病にはよい薬かもしれない。
なかには「金玉医者」のような、薬が効き過ぎる場合もあったりする。

「金玉医者」

ストーリー：気鬱病のお嬢様を見舞う医者。医者が来るとお嬢様の気鬱病が少しよくなる。父親が治療の秘訣を聞くに、ある時、医者が立膝で脈をとっていると、お嬢様がケラケラ笑い出した。何かと思ったら、医者の着物の裾が乱れて、金玉が半分見えていたんだそうで、自分にない不思議な玉が見えたものだから、お嬢様は面白がって笑った。以後、診察のたびにわざと金玉を半分見せているのだという。落語のお約束で、話を聞いた父親が真似をしたら、お嬢様が気を失ってしまった。

＊

いい医者に巡り合えればいいのだが、いい医者は金もかかり、それでも限界がある。
やはり日頃の病気予防、健康増進が必要ということだろう。
落語もいろいろあるから、病気予防の噺をひとつ紹介しよう。

「風の神送り」

ストーリー：昔は風邪も神様の仕業だと考えられていて、風邪が流行すると町内で風邪の神送りという儀式が行われた。儀式には銭がかかるから、町内の若い者たちが金持ちの家を回って銭を集める。なんのことはない、集まった銭の一部は若い連中で飲んじまうんだ。邪気を祓うという意味では、それも正しい使い方かもしれない。そうして集めた銭で風邪の神のレプリカをつくって川に流した。

＊

病には予防の儀式が大切なのだ。これもやはり、病は気から。風邪の神を送ったという安心感があるのだろう。この落語は、もともとは上方落語、東京ではあまりやる人はいない。風邪の神送り、という儀式も東京では聞かないが、昔はあったのかもしれない。

二、『養生訓』に学ぶ

死ぬのは仕方がないとしても、老後を健康で過ごしたいとは、誰でも思うことである。

できれば天寿をまっとうしたい。

実際に江戸時代の人は、どのような健康管理を行っていたのだろうか。

医学が進んでいないとはいえ、江戸時代も後期になると、薬学や栄養学など、そういう分野はまだできてはいないが、研鑽がなされ、健康で暮らす道筋、病気の予防などの考え方が進んできていた。

貝原益軒という人が『養生訓』という本を著した。『養生訓』には長生きの秘訣、健康を保つ方法が細かに書かれている。どんな人物だったか。

・貝原益軒　一六三〇～一七一四　医者、儒学者。黒田家福岡藩士の家に生まれたが、一度浪人、二十六歳で藩医としてふたたび黒田家に仕えた。その後、朱子学を学び、三十五歳で百五十石の知行を得、藩において朱子学を講じた。七十歳で役を退き、著述に専念。『養生訓』は八十二歳の時に上梓した。

益軒自身が八十四歳と長命であったのだから、『養生訓』は信頼に足る。

確かに今日の医学からみると、間違っているところもないわけではないが、健康に対する基本的な考え方はおおいに参考になる。

『養生訓』ではまず、命とは何か、について書かれている。自分の命は自分のものではなく、父母からもらったものである。また、それは天から授かったものでもある。だから、粗末に扱ってはいけない。

天から授かった命、すなわち天命である。だから、勝手に暴飲暴食をして命を縮めるようなことをしてはいけない。不養生は自殺行為に等しい。切腹と同じで、早いか遅いかの違い。それは天命に逆らうことである。

では、天命とは何歳をいうのか。それは個人差がある。だいたい百歳が上限で、八十歳以上まで生きるのが上寿、七十歳代が中寿、六十歳代が下寿になる。なかには天命が五十歳以下の人もいて、これは短命になる。

平均寿命が五十歳くらいの江戸時代でも、百まで生きる人もいたし、七十、八十の人たちもいた。それらの長寿に多くの人たちは憧れを抱いていたのだろう。

人は決められた天命まで生きる努力をしなくてはいけない。人生を楽しむためにも、長生きをしなくちゃいけないんだ。人生をまっとうして、己の使命をまっとうする。このあたりは朱子学の考え方なのであろう。

また、健康で長生きをするには、「徳」がなければいけないともいっている。体を国にたとえて、君主に「徳」がなければ国は乱れる。反乱が起こる。その時、兵をもって鎮圧する。しかし、鎮圧してもそれは一時的なことで、根本の原因をのぞかねば、反乱はまたあちこちで起こり、やがて国は滅びる。

それは人間の体も同じである。暴飲暴食などの無理をすると、体が痛くなる。薬を飲んで一時的には治まるが、病気が治ったわけではない。またどこかが痛くなり、そのうちに死ぬ。根本を治さなければいけない。しかるべき医者に掛かり、どこが悪くて痛みが起こるのかを見極めて、適切な治療をして病を治せといっている。それ以前に、病気にならないために、君主が「徳」をもって政治を行い国が安定するように、人も「徳」をもって、欲を慎み暮らすことである。

では、天命をまっとうするにはどうすればいいのか。そのためには、「養生の術」を学べ、といっている。

「養生の術」とは、まず人間にある三つの欲を抑制することが大事だといっている。それは何か。

1、飲食の欲
2、色の欲
3、睡眠の欲

一つ目の「飲食の欲」は、もっとも窘《たしな》められるものである。

生まれながらにして、人の元気には差があるが、飲食によって回復できる。

必要な栄養をとることは大事で、ただ、口や腹の望むがままに食べていては健康を損なう。

飲食に関してはかなり細かにいろんなことが書いてある。

ご飯をいっぱい食べてはいけない。

ご飯のあと、餅菓子や麵類を食べるのもよくない。どうしても食後に菓子が食べたければ、飯を減らせ。

とりわけて甘いもの、辛いもの、塩辛いもの、苦いものは食べてはいけない。ほどほどの味付けがよい。同じものを続けて食べるのもよくない。

夜ふかしして、なんか食べるのはよくない。食べてすぐ寝るのも駄目だ。

朝ご飯よりも夕ご飯は少なめに。

お腹がすいてなければ食べなくてもよい。

年寄りはとくにたくさん食べてはいけない。中年になったら、少しずつ食べる量を減らしたほうがよい。

清きもの、香ばしいもの、やわらかいもの、味の薄いもの、性分のよいものを食べること。虚弱な人は鶏や魚をおいしく調理したり、肉と納豆を焙ったりしてもよい。

腐ったものは食べちゃいけない。当たり前だ。当たり前か？　賞味期限切れの食品の臭いを嗅いで「うん。大丈夫」なんていってるよね。

大きい魚を丸ごと煮たりはせず、薄く切って調理する。大根、人参、南瓜も小さく切ったほうがよい。喉につかえる。

脂の多い魚もよくない。腸《はらわた》は食べるな。イカ、タコも消化に悪い。肉食も悪いとはいっていない。おかずは一品か二品とし、その場合も肉は一品にして、二品とも肉にしてはいけない。食べていいけれど少なめだ。獣肉は日本人の体質に合っていないから、少しにしたほうがいい。

えーっ、肉を食べてもいいんだ。江戸時代の人は食べないと思っていたら、『養生訓』

には豚肉や牛肉、鶏肉、鹿肉の調理法まで書かれていて、普通に食べていた（まぁ、高価だからそんなには食べていないんだろうけれど）、ということなんだ。

酒は飲んでもいいようだ。少しの酒は薬になり、たくさん飲むと毒になる。酒をたくさん飲むと体も壊すが、トラブルのもとでもある。それ以上に、たくさん飲むと銭がかかるのがよくないともいっている。親しい友達と楽しい語らいをしながら飲む酒も少量にしなさい。また、冷酒はいけない。夏の暑い日でも、軽くお燗することをすすめている。そして、冬の寒い日でも、熱々のお燗は駄目。酒だけでなく、お茶も温かいほうがよい。水を飲むよりも、湯がよい。ちゃんと沸かしたうえで、冷まして飲むことをすすめている。

お茶はよくないといっているが、いまの世の中（益軒が生きていた時代）、朝晩にお茶を飲むのは慣習化しているので、少量なら飲んでもよい。ただし、新茶は毒。煎茶はよい。塩を入れて飲んではいけない。空腹に飲んじゃいけない。食後の少量の茶は消化を助ける。濃いお茶もよくない。

煙草は大きな害はなく多少の益もあるが、総じて体によくないから、やらないほうがいい。火災の心配もある。無駄な銭を使う。だから、煙草はやらないに越したことはない。

このあたりは、いまとはずいぶん考え方が違う。一般に薬のように愛用されていた嗜好品だけに、そんなには嫌悪されていなかったのかもしれない。でも、やらないに越したことはない、とはいっている。

食後は運動もしたほうがよい。若者なら、食後に武術の稽古をせよ。老人でも、庭を歩いたほうがよい。

そしてまた精神論が出てくる。食事はいろんな人に感謝をしなければいけない。父に感謝、君主に感謝、兄弟や親戚にも感謝、お米をつくるお百姓さんに感謝、自分にも感謝。そして、世の中には貧乏な人もいる、飢え死にする人もいるんだよ、そういう人たちのことも考えて心に刻んで、最後にお米というものを生み出してくれた遠いご先祖にも感謝して、いただきましょう。

ほかにも、茄子の食べ方、瓜の食べ頃、大根、人参、芋の調理法、果物の食べ方、獣肉の調理法、いろんな食べ物の食べあわせに注意するように、などが書いてあるが、食に関してまとめると、つまり、「暴飲暴食を慎むこと、腹八分目がいい」と書いてある。

二つ目の「色の欲」とは、すなわち「性欲」のことだろう。

色欲に走ると、面目を失う。だから、礼儀正しく、慎んだほうがよいといっている。このあたりも朱子学の教えなのであろう。色に狂って名誉を失う為政者は多い。若いうちはともかく、中年以降は恋愛も慎むべしといっている。性交でなく恋愛も駄目なのか。

いや、若いうちでも、色の道に走り過ぎれば、精力を使い果たし、短命になる。「養生の術」は、性交は少ないほうがいいという考え方なのだろう。

しかも細かく、ほかの書を引用し、性交の回数までも書いてある。「二十で四日に一回、三十で八日に一回、四十で十六日に一回、五十の者は二十日に一回、六十の者は……」

えーっ！

「精を閉じて漏らさず」だって。ただし、六十過ぎても気力と体力があり余っていれば、月に一回、精を放たないと病気になるからやってもいいが、そんなでもない普通の人は閉じたほうがよい。

また、二十歳以前は、しないほうがいいともいっている。

女性も一定の年齢になったら、閉経していなくても、性交はやめるべきだとも書いてある。性交は子づくりのため仕方なくやるもの。現代なら、かなり反発を買いそうだ。

ここらあたりは医学でなく、やはり朱子学の考え方なのだろう。

最後に「睡眠の欲」……寝てはいけない、ってオペラ「トゥーランドット」の「誰も寝てはならぬ」か。

そんなことはない。

夜寝るのはしょうがない。だけど、昼寝はいけないいんだって。

昼寝すると夜寝られなくなるから。

昼間眠くても、頑張って起きていれば、夜はすーっと眠ることができる。

また、夜ふかしはいけない。四つ（午後十時）には、読書やおしゃべりはやめて、寝る準備をしろ、と。どうしても昼間眠くなったら、横にはならず、壁に寄り掛かって、ちょっとだけ寝る。長時間の昼寝はいけない。寝る時間と回数は少ないほうがよい。

このように、三欲を我慢することが第一の「養生の術」。天命をしっかりと守っていかねばならない。

では、病気はなんでなるのか。

人には耳、目、口、体があり、これらをもって、聞く、見る、飲む食べる、好色といった欲に通じる。これを嗜欲という。こうした嗜欲を慎まないと、病になる。

また、風、寒、暑、湿という外邪でも病は起こる。だが、外邪による病で死ぬのは天命だから仕方がないという。聖人、賢者でも免れることはできない。この病は飲食・好色の欲の病とは異なるものである。

とはいえ、外邪は防ぐことはできる。風の強い日、とくに寒い日、とくに暑い日は外出しない、とか、策を講じて防ぐこともしなくてはいけない。

なんにせよ、病気にならないことが重要で、病気になれば病苦だけでなく、鍼を打ったり、お灸で熱いのを我慢したり、苦い薬を飲んだり、食べたいものも食べられなくなる。だから、欲を慎み、運動をして、外邪には注意せよといっている。

それでも、病気になってしまったら、どうしたらよいのか。

鍼、灸を用いるのは下策。薬も滅多やたらに飲むものではない。湯治に行くのもすすめられない。これらの行為は逆に病を悪くして死ぬこともある。

まず医者に掛かることが大事だという。医者に掛かり、どんな病なのかを知り、適切な処置を行う。医者に掛かったうえで、その病の治療に必要な薬を飲み、場合によっては鍼、灸などの治療を行うのは構わない。

では、どんな医者に掛かればよいのか。すなわち、医者選びが重要であるといっている。絵の好きな人は、絵が描けなくても、絵のよし悪しはわかるものだ。自分に医学の知識がなくても、医者のよし悪しをわかる必要がある。

よい医者は、まず儒学の教養があること。陰陽五行がわからなければ、医書を読む力がない。儒学の教養があり、医学に詳しく、多くの病に接してきた医者は名医である。

対して、医道に関心がなく、医書を読まず、読んでも昔の説に頼っていて、新しい工夫をせず、医学の知識よりも治療の技が大事だといって無学を自慢したり、金持ちの患者が好きだったり、虚名を誇ったりする、そういう医者は悪い医者。

そして、さらに強調されているのは「医は仁術」という言葉だ。医道の志が高い医者がよい医者で、病人の富貴にこだわるのは悪い医者、心を尽くして治療にあたり、病人をおろそかにしてはならない。貧賤の病人をあなどる医者は、医者の本意を見失っている。

医者たるもののあり方、心構え、そして、具体的な治療法なども『養生訓』には記されている。

とにかく、病気になって薬を飲むよりも、病気になる前に、欲を慎み、健康管理をすることが大事だといっている。

『養生訓』の最終章には、「養老」について書かれている。

それまでも、食や性に関して、老人のあり方はさんざん書かれている。

そうした老人たち、おもに父母に対する現役世代の接し方、気配りが重要であるということだろう。

老いた親を養うには、まず暑さ寒さを避けられるような居室を用意すること。冬暖かく、夏涼しい場所がよい。外邪を防ぐことが、老人の長生きの秘訣になる。火事や泥棒にも注意する。

そして、なるべくおいしいものを食べさせてあげることだという。食べ物の好き嫌いを聞いて、なるべく好きなものを用意する。ただし、量は少なめを心掛ける。まずいものを食べさせては駄目だ。餅、団子、麵類、獣肉は消化がよくないので、食べたいといわれても少量にしておく。

老人は欲深く、気が短くなっている。現役世代に小言をいいたがるが、我慢して聞いてあげる。また、いままで立派な人だったのが、気が短くなって怒りっぽいから、余計なひと言をいい、晩節を汚すなんていうことにもなりかねないから、注意してあげることも大切だ。

現役を退き無役になると暇である。そこで芸術に勤《いそ》しもうと考える人が多いが、それは間違いである。芸術はなかなか難しいから、心の負担になりかねない。世俗的な楽しみよりも、心豊かになる楽しみを与えてあげるのが、長生きの薬である。暇を楽しむ、そういう境地が大事だ。余計な心配事をとりのぞき、山川の景色、四季の草花を楽しむ、そういう気持ちにしてあげられたらいい。

なによりも老人は寂しがりである。話し相手が欲しい。昔の自慢話しかしないかもしれないが、聞いてあげることが大事である。老人だけでなく、現役世代が交互に会いに行くことも必要である。

まさに長屋の八、熊が隠居のところへ遊びに行く。そういう環境が長生きには、いや、老人が充実して時を過ごすには大切なのではないかと思う。

『養生訓』に貝原益軒は、古人の書物から知り得たこと、自らが体験、研究したことから得た「養生の術」を記した。江戸の人たちには、長生きのための、ひとつの道標になったのだろう。

第六章　第二の人生における職業

老後を充実したものにしたい、と誰もが考えるものだ。

暢気に楽隠居もいいが、何か趣味でもないと飽きる。

人生百年時代とすると、六十歳で定年退職したら、四十年もある。これは、何か第二の人生でもことを成し遂げられるんじゃないか、と考えても不思議じゃない。

それなりの人生経験は積んでいるし、知識もある。何かやるための資格を持っている人もいる。

どんなセカンドキャリアがいいか。やはり趣味を活かした楽しい仕事がいいのか。いや、趣味で金をとるのはなかなか大変だ。趣味だから楽しいのであって仕事になったら、たちどころに楽しくなくなるかもしれない。

退職金を資本にして、何か商売をはじめて、でかく儲けるのもいい。だが、失敗して財産を失うと悲惨な老後になりかねない。

やはり、世のため人のためになることがしたい。ファーストキャリアが、自分のため、家族のため、お金のためだったからこそ、人の役に立ちたいと思う人も多い。仕事でなくボランティアみたいなことからはじめてみる人もいるだろう。

だが、どうせやるなら歴史に名を残すくらいのことにチャレンジしたい、と思う人もいるんじゃないか。

江戸時代は平均寿命が五十歳くらい。だからセカンドキャリアなんて誰も考えなかった。だが、六十、七十でも元気な人はいた。ようは、いつ死ぬかは誰にもわからない。現役に疎まれるから、とりあえず隠居はするが、まだまだ元気なら何か新しいことをはじめようという人はいた。

落語や講談には、そういう人物はあまり出てこないが、歴史上の人物には何人かいる。

セカンドキャリアで歴史に名を残した人物たち、そんな人たちを紹介しよう。

一、伊能忠敬

セカンドキャリアで歴史に名を刻んだ人物の代表。「中高年の星」なんてんで、歴史好きのおじさんたちには人気がある。

日本地図をつくったことで知られるが、それが五十歳からはじめたこと。

さて一体、どんな人物なのか。

・**伊能忠敬**　一七四五〜一八一八　上総《かずさ》九十九里の生まれ。十七歳で佐原の伊能家の婿養子となり当主となる。五十歳まで名主を勤め上げたのち、江戸へ出て、天文方、高橋至時《よしとき》に師事。五十五歳から七十一歳まで十回にわたり日本全国を測量し、日本の沿岸地図を完成させた。

忠敬の父は神保某、浪人で私塾を経営していた。

江戸時代、武家はおおむね世襲であったが、学問や技術があれば下級官吏に登用される道もあった。平和な時代が続き、武士が戦闘員よりも政治家や官吏としての能力が必要となり、世の中が複雑化すると、技術面に精通した現場の実務者が求められるようになってくるからだ。

忠敬の父は息子に、さまざまな英才教育をほどこした。ゆくゆくは官吏に登用され、幕府か大名に仕官し、神保の家を興して欲しい。忠敬は、はじめは算術に才を開花させた。やがて医学、さらに測量術も学んだ。計器を用いて土地の広さをより正確に測る、算術を実践に活かした学問だ。

忠敬は秀才と呼ばれた。十七歳の時、東金《とうがね》の堤防工事に技術者として呼ばれた。ここで実績を残せば幕府からお声が掛かり、官吏として登用される可能性もある。それ以上に、自分が学んできたことを実践で役立てることに、忠敬は喜びを感じていた。そんな忠敬が、佐原の名主、伊能家の娘ミチの婿となり、伊能の家を継いだ。

ミチの父はすでに亡く、伊能の家は祖父の景利が当主を務めていた。五十歳を過ぎた老人である。だから、一日も早くミチに婿を取らせて伊能の家を任せたかった。近隣の名主の三男を婿に迎えた。やれひと安心と思った矢先、ミチの夫は突然亡くなった。そして、忠敬が婿となった。景利が忠敬に出した婿入りの条件は、学問の道を捨てて伊能の家業に全力を尽くすことだった。

筆者は作家だから、ここには、なんかドラマがあったんじゃないかと推測するよ。人生を賭けた学問の道、実践でゆくゆくは官吏に登用される可能性も捨てて、なぜ、忠敬は伊能の婿となったのか。あくまでもフィクションの話だが、忠敬とミチは以前から知り合いだった。忠敬はミチに想いを寄せていたが、ミチは伊能の家を継ぐために婿を迎え入れなければならない。忠敬は学問の志のため、ミチとの結婚を諦めた。しかし、二年後、ミチの婿は死んだ。悲しみに打ちひしがれているミチ、自らの志を捨ててでも、ミチを救いたかった。学問の道はほかの誰かでもできるが、いま、ミチを救えるのは忠敬しかいない。そういうドラマをね、想像してはいけないだろうか。

こうして十七歳で忠敬は伊能家の婿となり、家督を継いだ。

ちなみに忠敬とミチは仲がよく、一緒に奥州へ旅行にも行っている。忠敬の旅行記も残っている。ミチとの間には一男二女をもうけた。

また忠敬は、商才に長けていた。景利の代で傾きかけていた造り酒屋を立て直した。情報収集の能力にも長けていたようで、米の売買でも収益を上げている。

明和三年（一七六六）に関東を凶作が襲った時は、蔵を開け放ち年貢に納める米を領民に配った。

「このままでは、大勢の女子供や年寄りが飢えて死ぬ。領主に咎《とが》められたら、私一人が腹を切れば済む話」

名主として、自らの命を投げ出しても領民を救った。

だが、忠敬には勝算もあった。関東は飢饉だが、関西には米がある。そういう情報を得ていたのだ。この時は家のありったけの金銀を持って上方に飛び米を買いつけ、年貢米を補填した。人徳と商才を兼ね備えて苦難を乗り切ったエピソードとして伝わっている。

天明三年（一七八三）、忠敬は四十歳にならんとしていた頃、領主より「利根川の堤防工事の監督をせよ」との命令が下った。かつて忠敬が東金の堤防工事で残した実績を買われてのことだった。村の差配、家業に加えて、新たな仕事が舞い込んだ。しかもかつて学んだ測量術を活かした仕事だ。

しかし、堤防工事で不在のなか、忠敬はミチを失う。ミチの病に気がつかなかった。絶望の淵にあった忠敬は隠居を願い出た。長男はすでに十七歳、忠敬が伊能家を継いだ年齢だ。しかし、領主は忠敬の隠居を許さなかった。堤防工事にはどうしても忠敬の力が必要だった。それは測量の技術よりも、名主としての領民たちの統率力にあったのだ。十七歳の長男にはまだそれだけの力はない。

領主は忠敬に堤防工事が成功した暁には、正式に「名字帯刀」を許すといった。伊能家の名誉になることで、忠敬の一存でこれを断ることはできなかった。伊能家の格を上げる、これも婿としての使命のひとつだった。

忠敬は三十三年間、伊能家の当主を務めた。五十歳になり、ようやく領主からも隠居が認められた。

この先は晴耕雨読の暮らしが待っていると思った。懐かしい測量の本を手にし、読みすすめるうちに忠敬はいても立ってもいられなくなった。

幕府天文方の高橋至時は当時三十一歳、天文学の気鋭の学者であった。忠敬は江戸に走り、十九歳年下の学者に弟子入りをした。忠敬が至時から学んだのは、星の動きを見て測量をする、天文と測量を兼ねた新しい技術だった。

息子たちの支援のもと、忠敬は深川に居を構えて、学問の道を歩みはじめた。忠敬のセカンドキャリアのはじまりである。

忠敬の学問は五十の手習いでは決してない。青年時代に算術と測量の学問をやっていた下地があり、利根川の堤防や佐原の用水路の建設においても、その技術を実践してきた。そのうえで、星の動きから距離を算出する技術を学んでいった。実際に深川の家に、天文観測の機器を揃え、星の動きや太陽の動きを丹念に観察していた。

天文観測の機器を揃え、と簡単にいったが、そのための資金は伊能家が出している。

この時期、大崎栄という女性を傍に置いている。文人で、忠敬のアシスタントとしても活躍し支えた。第一次測量のあと、忠敬とは別れた。元は吉原の遊女だったという説もあるが、フィクションのようだ。そういう話が綴られるくらい、忠敬はいろんな意味で活躍をしたということだろう。

栄は下総香取郡の生まれ。香取の朱子学者、久保木清淵に学び、江戸へ出て、忠敬と暮らした。忠敬と別れたのちは山本北山門下となり漢詩人として活躍した。


忠敬の地図製作では、寛政十二年（一八〇〇）から文化十三年（一八一六）、十回にわたる測量が行われた。

第一次の測量は蝦夷地。当時の内外政をふまえ、蝦夷地の地図製作の必要性を高橋至時が幕府に提案した。至時は門人のなかより、現場の担当指揮官として忠敬を推挙した。時に忠敬五十五歳。

幕府としては、「えっ、なんで、こんなじいさんが。しかも元百姓風情だろう」となったのだろうが、至時の信頼が篤く、忠敬は蝦夷に旅立った。一行は忠敬、息子の秀蔵、士分の門人二名、下僕二名、人足三名の九名で、蝦夷地に渡り、昼は歩測、夜は天体観測を行い、測量を進めた。

函館から根室までの海岸線を測量し、約半年間の旅だった。忠敬が測量で使った金は約百両（約一千万円）、ほかに器材なども忠敬が購入、ざっといまの金で千二百万円くらい使っている。対して忠敬が幕府からもらった日当はわずか銀七匁半（約一万五千円）、これは忠敬一人の日当ではない。一行全員の日当だ。全行程半年で、銀約千三百五十匁（約二百七十万円）だったという。だいたい一千万円の持ち出しである。つまり第一次の測量はほとんど忠敬の自腹だった。

ファーストキャリアで相応の資金を貯めていたということもあるだろうが、地図づくりを成し遂げなければならない、知識を実践で活用したい、そして、形になるものを残したいという思い、ファーストキャリアで成し得なかった夢があったからこそ、金も使ったし、自力で蝦夷地を歩いた。夢の実現への大きな一歩であった。

第一次の測量は幕府に高く評価された。そこで忠敬らは蝦夷地西海岸の測量を提案した。しかし、予算面などの問題から却下される。第二次測量は、伊豆と本州東海岸の測量を命じられた。若干の予算増と、道中奉行の協力が得られるようになった。

享和元年（一八〇一）八月、まず伊豆の測量、一度江戸に戻り、次は房州（千葉）を測量、さらに銚子を発ち、奥州の東海岸を測量、江戸に戻ったのはもう師走であった。幕府からは銀二千五百匁（約五百万円）の資金を得たが、まだ事業の大半は忠敬の持ち出しであった。

第三次測量には、幕府から金六十両（約六百万円）の予算がついた。享和二年、本州日本海側を青森から越後（新潟）まで測量した。

第四次測量は、享和三年、東海道から、越前、加賀、越中の北陸路に佐渡島。老中からの辞令と、予算、金八十二両二分（約八百二十五万円）も支給された。

だが、翌文化元年（一八〇四）には、幕府側の実質の指揮官であった高橋至時が死去する。

至時は東日本の測量を忠敬に、西日本の測量を腹心の間《はざま》重富に任せるつもりでいたが、自身の死で天文方を息子の景保が継ぎ、間はその補佐役となり、測量の実働部隊の指揮はすべて忠敬に任せられた。

第五次測量は近畿、中国。この頃から幕府も地図製作に本腰を入れ、測量の人員も増員され、相応の予算がつくようになる。ようやく忠敬は自腹からは解放された。

第六次測量は文化五年、四国、第七次測量は文化六年、九州。

この頃、忠敬は間宮林蔵の訪問を受け、測量の知識を伝授している。忠敬が測量できなかった、残りの蝦夷地は間宮によって成される。

第八次測量は文化八年、二度目の九州で、屋久島、種子島にも渡った。第九次測量は文化十二年、伊豆諸島に行き、同時に第十次測量として江戸府内も行った。

地図を製作作業中の文化十四年(一八一七)、喘息で苦しみはじめ、翌年、弟子たちに見守られながら、八丁堀の自宅で死去した。深川の家は地図製作のためには手狭だったので、文化十一年に転居していた。

地図が完成するのは、忠敬の死の三年後であった。

師である高橋至時を尊敬し、遺言により、墓は高橋家の菩提寺、上野・源空寺の至時墓の隣に建てられた。佐原の伊能家の墓所には遺髪を納め、また忠敬が江戸で暮らし、日々参拝をしていた深川富岡八幡宮には、のちに忠敬の銅像が建てられた。


五十五歳を過ぎて日本中を歩いた忠敬、さぞや体力自慢の男かと思うと、実はそうでもなかった。小柄でわりと病気がちなところもあったらしい。とくに、第六次測量以降は喘息にも悩まされた。やはり、年齢を重ねると体の衰弱とも戦っていかねばならない。

経済的な問題だけでなく、年齢を重ねるといろいろ厄介は多い。

忠敬は栄養補給のため、鶏卵をよく食べていたそうだ。鶏卵はもちろん高価。八百屋の一番奥の棚に、もみ殻に包まれて売られていた。だが、江戸の鶏卵は高価だが、佐原はいくらか安価であると、わざわざ佐原から取り寄せていた。やはり、商人気質があり、意外と吝嗇でもあった。とはいえ、飢饉の時に蔵を開けたり、測量には惜しみなく金を投じたり、普段はケチでも使う時は使う人であった。

忠敬には四人の妻がいた。

最初の妻は、婿入りした伊能家の娘、ミチ。忠敬よりも年上だったが、仲はよかったと伝えられている。

忠敬三十八歳の時にミチは病で亡くなる。二人目の妻は正式な妻ではなく、妾として家に入れたので、名前は残っていない。法名は妙諦。妙諦との間に、二男一女をもうけている。忠敬四十五歳の時に妙諦は若くして亡くなった。

三番目のノブは正式な後妻として迎えられた。仙台伊達家の藩医、桑原隆明の娘。亡くなると次から次に妻を迎えるのは、前妻との愛を忘れたわけではない。伊能家は名主で、家事を取り仕切る女性がいないと困る、という事情もあった。ノブは忠敬五十歳の時に亡くなるが、義父の桑原は地図測量に協力している。

そして、四番目が深川で迎えた栄だ。吉原の花魁説は眉唾で、近年の研究では牛堀（現在の潮来市）あたりの大崎姓の名主の家の娘であったらしい。つまり、しかるべき人が間に入って、伊能家のご隠居の後妻になった。

ここからはまたフィクションだが、忠敬と別れたのは、地図づくりの手伝いをしていた栄の能力を忠敬が認め、さらに勉学をさせるべく送り出した、ということも考えられるのではないか。

元気で長生きの原動力は、もちろん夢もあるが、身近な人の存在があるのかもしれない。

二、歌川広重

「東海道五十三次」などの浮世絵で知られる絵師、歌川広重。以前は安藤広重と呼ばれていたが、安藤は本名の姓。絵師としての姓は歌川になる。本名は安藤重右衛門で、画号が歌川広重になる。

私たちには、永谷園のお茶漬けに付いていたカードでおなじみである。小学生の頃、五十三次の絵を集めていたが、そんなにお茶漬けを食べる家庭環境になかったので、なかなか集まらなかった。

広重もまたセカンドキャリアで絵師としての道を歩み、歴史に名を残した。それだけではない。北斎らとともに、広重の絵もヨーロッパに渡り、ゴッホやゴーギャン、ロートレックに影響を与えたのだ。

さて、広重はどんな人物だったのか。

・**歌川広重**　一七九七〜一八五八　歌川豊広に入門し、広重となる。役者絵、美人画に才を発揮、のちに風景画に転じる。「東海道五十三次」で注目を集め、以後は、歴史画なども手掛けた。コレラで六十一歳で没。

広重は定火消し配下の同心の家に生まれた。

実際に広重が火を消していたわけではないし、火事現場で消火の指揮をしていたわけでもない。定火消しの同心とは、いまでいえば消防署の事務員という職種だ。火事や出動の記録や、火消し人足の給料を支払ったりといったのがおもな仕事。

定火消しは火事の多い江戸の街の防火、消防にあたる任であるが、町火消しとは違う。

明暦の大火（一六五七）の翌年に設置され、若年寄支配で旗本が任ぜられた。与力五、六騎、同心三十人、火消し人足三百人で組織された。

定火消し配下の人足を俗に臥煙《がえん》といい、こいつらは荒くれ者だった。体中べた彫りの刺青で、頭は奴銀杏《いちょう》、白足袋に切りたての六尺を締め、さらしの腹巻に屋敷の法被《はっぴ》。町火消しは刺し子を着るが、臥煙は頭巾も被らず屋敷の法被一枚で消火にあたる。ホントの命知らずだ。当時の消防は破壊消火。火事の周辺の建物を壊して類焼を防いで鎮火を待つ。それしかなかった。だから、臥煙は火事が起こると、ところ構わず家を壊してもよかった。関係ない家も壊したので、町の人たちは臥煙を恐れた。

定火消しの同心とは、そんな臥煙たちの管理者でもある。

広重は親の死で、十三歳で家督を継ぎ、同心となった。

同心は微禄で、貧乏だった。それでも、二十四歳で同じ定火消し同心の娘を妻に迎える。子供の頃から絵心があった広重は、家計のためやむなく団扇《うちわ》に絵を描くアルバイトをはじめた。その頃は、美人画の描かれた団扇が流行していたので、このアルバイトは安藤家の家計をおおいに助けた。

三十四歳の若さで広重は隠居する。親類の者が元服し、これに跡を譲らねばならない親戚間の事情があった。

とはいえ、貧乏同心には未練はなく、早く隠居して絵の道に進みたい、という思いもあったのではないか。

「そんな年齢で隠居なんかして暇でしょうがないだろう」

と声を掛けたのは、定火消しの任にある旗本の殿様。つまり直属の上司。

そんなに暇ではない。隠居して、本格的に絵の道に取り組みはじめていた頃だった。

「ちょっと付き合えよ」

「どこへでございますか」

「ちょっと京まで」

上司は任務で京へ上ることになったので、話し相手の供が欲しかった。隠居した広重はちょうどいい相手だった。

殿様に声を掛けられたら断るわけにもいかない。

こうして広重は殿様の供として京へ、東海道を旅した。

この時に描いたのが「東海道五十三次」。

旅の翌年に発表したのだが、当時は旅行ブームで江戸っ子は一生に一度は伊勢参りといって、旅に出るのが憧れだった。だが、誰もが行かれるわけではない。憧れの東海道の宿場の風景や、土地の名物が描かれた絵は大ヒットした。

それからは、広重は絵師として順調なキャリアを歩む。広重の成功には、貧乏しながら黙々とこなしていた事務仕事というファーストキャリアでの人脈が役立った。

広重は「江戸名所百景」の製作中に、コレラで亡くなった。早い時期に隠居したので、セカンドキャリアでも十分活躍した。

辞世の句は、「東路に筆を残して旅の空　西の御国の名所《などころ》を見む」。

死んで西の御国、西方阿弥陀浄土でも名所見物がしたい、風景画というセカンドキャリアをまっとうした人生だったのだろう。

三、大田南畝（蜀山人）

セカンドキャリアというのとは違うかもしれない。最初から、官僚と文化人の二足の草鞋《わらじ》であったが、時代の流れに翻弄されたともいえよう。しかし、官僚としても、文化人としても一流で、狂歌師として数々のエピソードを残した。

いくつもの顔を持つことで、豊かな人生を送った人物ともいえよう。

・大田南畝（蜀山人）　一七四九〜一八二三　官僚、狂歌師として活躍。蜀山人の名で知られる。貧乏御家人の家に生まれた。学問で身を立てようと志すが、十五歳の時、官僚としての出世よりも狂歌に興味を持ち、のちの内山椿軒に入門した。ただし、国学、漢学も続けた。七十四歳まで生きた。

十九歳の時に狂歌集『寝惚先生文集』を出版し、狂歌師として名が知られた。『寝惚先生文集』の序文は平賀源内。その後、黄表紙作家として売れた。

おりからの田沼時代のバブルでいいスポンサーも付き、裕福な日々を送った。吉原にも通い、遊女を身請けして妾にもしている。

しかし、田沼意次が失脚、松平定信の時代になると、まわりで田沼利権で甘い汁を吸っていた人たちが次々に粛清されていった。この時、松平定信を批判した「世の中に蚊ほど

煩《うるさ》きものはなし　文武文武と夜も眠れず」という狂歌を詠んだ。これを最後に南畝は筆をおき、おとなしくなる。

田沼時代の南畝の金主だった勘定組頭の土山宗次郎は、横領で告発され斬首となった。仲のよかった戯作者の山東京伝らも捕まって手鎖にされたことで、かなりビクビクして日々を送っていた。

だが筆はおいたものの、今度は官僚としての出世欲が湧いてきたのかもしれない。とはいえ、下級御家人にはそうそう出世の機会はない。さらには狂歌師として売れていたこと、粛清はされなかったものの田沼利権に浸かり、また寛政の改革に批判的だったことなどから出世とは縁のない日々を送った。それでも、勉学だけは怠らずにいた。

四十六歳で「学問吟味登科済」（官僚の登用試験）の制度ができたことから、受験し、首席で合格、支配勘定の任に就いた。出世は難しいと思われていた南畝に道が開けた。ちなみにこの時、首席で合格したもう一人が遠山景晋《かげみち》、遠山の金さんの父である。

官僚としてキャリアを積み、五十二歳で銅座に勤務し大坂へ赴任。中国で銅山を蜀山と呼んだことから蜀山人を名乗った。

この頃から、狂歌の活動を細々と再開した。大坂では上田秋成とも交流。

五十八歳で長崎奉行所の与力、その後、江戸に戻る。

文化四年（一八〇七）、永代橋崩落事故を目の当たりにし心を痛めた。崩落に関する伝聞、直接見聞きしたことなどをまとめ『夢の憂橋』として出版した。

六十歳を超えた頃、息子が支配勘定見習いとして出仕。そのために隠居しようと思った。ところが息子が病に倒れたため、隠居は諦める。

晩年も官僚として働き続け、登城の途中転倒、それがもとで亡くなった。

辞世は「今までは人のことだと思うたに　俺が死ぬとはこいつはたまらん」。

官僚として勤めながらも、人生を洒落のめして亡くなった。


最後に、狂歌の代表作を挙げておこう。

世の中は色と酒とが敵なり　どうぞ敵にめぐりあいたい
寝て待てど暮らせどさらに何事も　なきこそ人の果報なりけれ
世を捨てて山にいるとも味噌醤油　酒の通い路なくてかなわじ
世の中はいつも月夜に米の飯　さてまたもうし金の欲しさよ

功ならず身もまたいまだ退かず　名ばかりとげて何の役なし
楽しみは春の桜に秋の月　夫婦中よふ三度喰ふめし

四、清水次郎長

広沢虎造の浪曲でおなじみ、「旅行けば駿河の道に茶の香り」。義理と情けを知る海道一の親分だ。映画、テレビ時代劇、歌謡曲でも知られている。

米屋の若旦那が俠客《きようかく》になり、明治期の晩年のセカンドキャリアまで、時代を駆け抜けて生き抜いた。

・**清水次郎長**　一八二〇〜九三　駿河国清水の漁師の家に生まれ、米屋の養子となった。やくざ渡世に身を投じ、清水を拠点に、甲州や伊豆の俠客たちと抗争を繰り広げた。伊勢の代理戦争に勝利し、海道一の親分と呼ばれるが、時代は明治を迎え、方向転換。山岡鉄舟の知遇を得、富士山裾野の開墾などの事業を行った。

本名は長五郎。幼い頃からリーダーシップがあり、漁師の父親は長五郎を漁師で終わらせたくないと、米屋の山本家に養子に出した。才覚を発揮し、若いうちから商売を次々に成功させた。

そんなある日、たまたま通り掛かった僧侶に、「死相が出ている、あと二、三年の命」といわれる。

真面目に働くのがバカバカしくなった長五郎は、博打、酒、喧嘩に明け暮れるようになった。人を惹きつける性格から、子分たちが集まりはじめ、また、土地の侠客の和田島太左衛門、江尻の大熊らにも可愛がられて、清水港宇土町に一家を構えた。気がつけば、僧侶にいわれた二、三年は過ぎ去っていた。

講談では、荒くれていた頃に人助けをしたため、運命が変わったとなっている。

江尻の大熊の妹、お蝶を妻とし、次郎長を名乗り、勢力をのばしていく。

実家の村で起こった漁業権にまつわる争いを解決した次郎長。しかし、そのために多くの漁師が失業した。次郎長は漁師たちに海運の仕事を斡旋した。甲州から富士川を下ってきた材木を、駿河や江戸に運ぶ仕事だ。だが、富士川の材木の輸送は、甲州の侠客たちが仕切り、駿河湾の海運は伊豆の侠客、赤鬼金平が握っていた。

次郎長は、赤鬼金平、甲州の津向の文吉、武井の安五郎（吃安）、黒駒の勝蔵らと対立を深めていく。

次郎長の前半生は抗争と逃亡の日々だった。対立する相手と刃を交え、捕吏と刺客の両方から追われ、とにかく逃げる。

旅先の尾張で、最愛の妻、お蝶を失った。

泥水を飲むような逃亡の末、幕末に伊勢において、黒駒一家との代理戦争に勝利する。

東海道に大きな勢力を築いた次郎長だが、時は慶応四年、すなわち明治元年（一八六八）である。

永年敵対していた黒駒の勝蔵が官軍の兵士となり、江戸へ進軍。清水の街を馬上で通過していくのを次郎長たちは黙って見送るしかなかった。

同じ頃、幕府軍の咸臨丸が清水港に現れた。榎本武揚とともに蝦夷に向かったものの房州沖で嵐に遭い大破、清水に逃げ込んだのだ。官軍は咸臨丸に砲撃を加え、咸臨丸は沈没。幕府軍の兵士たちの死骸が打ち上げられた。幕府軍の死骸に触ることはならぬという官軍の命令だが、次郎長は死ねば仏と子分たちを動員し、幕府軍兵士の死骸を梅蔭寺に運び葬った。この件で官軍に咎められると思ったが、お叱りで済んだ。

やがて駿府の行政官に山岡鉄舟が赴任した。次郎長は鉄舟の知遇を得る。


明治元年、次郎長は四十八歳になっていた。次郎長は官軍から、清水の警固を託された。旧幕時代の罪を許され、帯刀を許可されたが、博徒を辞めたわけではなかった。

明治二年には黒駒の勝蔵が甲州で処刑される。頭がよく、機を読む能力に長けた勝蔵だったが、明治維新という大きな波は読み切れなかったのだろう。旧悪を告発され、ただの賊徒無頼として斬首されたのだ。

同じ頃、次郎長は伊豆の赤鬼金平、大場《だいば》の久八と手打ちをした。駿河湾の利権はうまく分け合うことで話がついた。伊豆の博徒たちも、黒駒亡きあと、駿遠三から伊勢までも傘下にした次郎長と対立するのは不利だと考えたからだ。

次郎長のセカンドキャリアが正式にはじまるのは、明治七年、次郎長五十四歳、鉄舟の知遇から懇意になった静岡県令、大迫貞清から富士山裾野の開墾を依頼されたことによる。

静岡監獄に収監されている囚人たちに開墾事業をやらせようというのだが、鎖も縄もつけず囚人たちに鋤や鍬を持たせての仕事を成功に導いたのは、次郎長の貫禄をもってしてのことだった。

さらには、次郎長は茶や桑の畑もつくった。鉄舟より資金を得て、油田開発も行った。自らが鋤鍬を手にし、木綿の着物で陽に焼けた真っ黒な顔の次郎長は、すでに長脇差してはおらず、どこから見てもただの百姓のおやじだった。

そして、横浜と清水港間に蒸気船を就航させた。清水の街の発展に貢献するためだ。また、国際化時代を見越して、英語塾も開いた。

東京にも出掛け、木村安兵衛（銀座木村屋の創業者）にすすめられて、あんぱんを食し絶賛したという。次郎長は鉄舟を通じ、静岡にいる徳川慶喜にあんぱんを献上した。旧幕臣であった安兵衛はおおいに感動したそうだ。

次郎長のセカンドキャリアは清水の発展のために、ほぼボランティアで事業を立案し運営、身を粉にしてとにかく働くことだった。

六十四歳の時、昔の博打などの罪で収監される。懲役七年の実刑。博打ではもっとも重い刑であった。静岡監獄に収監された次郎長は、高齢なこともあり、監獄内の工房で繭を煮たり乾かしたりする作業を行っていた。

これまで清水のために尽力してきたのに、なんでいまさら収監なんだと怒った次郎長だが、刑に服して考えが変わった。人を傷つけ殺し、博打をし、時には捕吏から逃げるために放火もしてきた。いままで牢に入らなかったことが間違っていたんだ。それは維新の時、鉄舟からいわれたことでもあった。次郎長は残りの人生、なんとか刑期の七年を生き抜き、罪を償って死のうと考えていた。

しかし、翌年、鉄舟らの奔走で、次郎長は釈放された。

次郎長は、自らが就航させた蒸気船が港に出入りするのが見える場所に家を建てて、料理屋を開いて、三代目のお蝶に任せた。最晩年はここで、船の出入りを見ながら暮らしたという。

明治二十一年、山岡鉄舟が死去。次郎長は東京谷中の全生庵に出掛け、葬儀に参列した。料理屋に若い海軍士官が訪ねて来た。榎本武揚の紹介で来たという若い士官は、のちに日露戦争で旅順港閉塞作戦に従事して戦死した広瀬武夫だった。鉄舟や榎本と親交したことで、そうした出会いも体験した。

明治二十六年、風邪で亡くなった。

次郎長の最初の妻は、江尻の大熊の妹のお蝶。実は米屋の若旦那の頃から交際をしていて、次郎長はお蝶を妻にと望んだが、やくざの妹は嫁にできないと義父母に反対され、一度は諦めた。やがて、次郎長もやくざになったので、お蝶を妻とした。

お蝶は旅先の尾張で亡くなった。講談では、次郎長が日蓮宗の聖地、身延を血で汚したため、甲府の城代は怒り、なんとしても次郎長を捕縛せよと、捕吏を清水に送った。お蝶を捕らえて、逃亡中の次郎長を自訴させるという作戦だ。それを知った大瀬半五郎は、森の石松にお蝶を連れて逃げるよういい、三河の寺津の間之助の家に草鞋を脱いでいる次郎長と合流した。伊勢の親戚を頼り、旅する次郎長、お蝶、石松。だがお蝶は病になり、尾張の深見村、鯱《しゃちほこ》長兵衛の家で亡くなった。長兵衛の差配でお蝶の葬儀は行われ、全国の親分衆が深見村に集まり、次郎長は貫禄を上げた。

二人目の妻は、女博徒。次郎長に惚れて、お蝶亡きあと、押し掛けた。村上元三の小説『次郎長三国志』では投げ節お仲。名前がカッコイイ。けれども、旅先で死なせたお蝶への、次郎長の深い懺悔の気持ちがあり、それを理解したお仲は二代目お蝶を名乗った。

二代目お蝶は明治二年、次郎長の留守宅を守っていた時に、徳川慶喜の警固部隊の旧幕臣、新番組の隊士に殺害された。小政らが敵を討った。お蝶は小政らに次郎長のことを頼んで亡くなった。

明治時代になり、三人目の妻を迎えた。三河の武士の娘だが初婚ではなかった。三人目の妻もお蝶を名乗った。初代、二代目のお蝶が渡世人の世界の女だったが、堅気のしかも武士の娘であった三代目は金銭面でしっかりしていて、晩年の次郎長を支えた。次郎長が出獄したあとの料理屋の経営も、三代目お蝶の差配でうまくいった。

山岡鉄舟より預かった養子の天田愚庵が、次郎長の生涯を『東海遊侠伝』として綴った。これは子分たちへの聞き取りによる、誇張のある実話であった。

のちに、これをもとに、三代目神田伯山が講談「清水次郎長伝」をつくった。『東海遊侠伝』に加えて、伯山は清水に出掛けてお蝶に取材もしている。伯山は「次郎長伝」で八丁荒らしと呼ばれ、清水次郎長の名が世間に知られた。

一方、次郎長の子分のそのまた子分で、伊勢の抗争にも参加していた男がのちに講談師、松廼家《まつのや》太琉《たりゅう》となり「清水次郎長伝」を語った。太琉はほとんど売れることなく場末の講釈場で亡くなったが、太琉の「清水次郎長伝」を受け継いだのが浪曲の初代玉川勝太郎だった。

勝太郎と伯山は「清水次郎長伝」で鎬《しのぎ》を削った。作家の小島政二郎は、「次郎長という大皿料理を勝太郎と伯山で二等分していた感がある」と評した。

昭和になり、二代目広沢虎造の「清水次郎長伝」がラジオで放送された。森の石松や、法印大五郎、大瀬半五郎、吉良の仁吉などという個性的な侠客たちが活躍、「バカは死ななきゃ治らない」などの名調子を日本中の人が口ずさんだ。虎造の「次郎長伝」は伯山の「次郎長伝」による。

虎造の人気から二代目玉川勝太郎は初代から受け継いだ「次郎長伝」を封印、自らは「天保水滸伝」で人気を得た。しかし、二代目勝太郎の「次郎長伝」を聞いた人は、虎造の軽妙洒脱さとは違い、次郎長の貫禄を描いた侠客伝らしい「次郎長伝」だったといっている。

第七章　大江戸長寿録

江戸時代にも長寿の人はたくさんいた。

歴史上の長寿の方々の生き方には学ぶことも多いだろう。江戸のご長寿から、その生き方と、老後の過ごし方を学んでみたいと思う。

昔のことだから、現代ではそんなに長寿ではないが、七十歳の古希を無事に迎え、七十一歳以上まで生きた人を取り上げてみたいと思う。だが、七十一歳以上を取り上げてみたら、女性は圧倒的に少なかった。それは女性が短命なのではなく、むしろ昔から女性のほうが長命で、あちこちに煩いばぁさんはたくさんいたと思われる。ただ男性社会の江戸時代においては、歴史の表舞台に出て名を残した女性が少なかったというだけの話である。

そこで、七十一歳以上の男性五十八人と、六十歳以上の女性十五人を取り上げることにする（生没年などは資料によりまちまちなものもあるが、一般的に知られているものを用いた）。

一、男性の長寿五十八人

【七十一歳】

1、近松門左衛門　一六五三〜一七二四　劇作家

元禄時代の劇作家。数々の心中ものの浄瑠璃や歌舞伎を書き、それに感化されてホントに心中してしまう男女がいたという。若者を大勢殺して、七十一歳まで生きた。

生涯、浄瑠璃、歌舞伎の台本を書き続けた。晩年は、後輩たちの作品の添削も行った。「関八州繋馬《かんはっしゅうつなぎうま》」を執筆中に亡くなった。

2、青木昆陽　一六九八〜一七六九　儒学者、蘭学者

サツマイモの栽培を推進、普及に努めた。江戸時代後期、焼き芋が食されるようになったのは青木昆陽のおかげである。

大岡忠相に取り立てられて幕府の儒者となり、享保の大飢饉ののち、サツマイモの栽培を訴えた。晩年は大岡忠相配下となり、サツマイモの栽培から離れ、また徳川吉宗より直々に蘭学の修得を命じられ、オランダ語をネイティブから学び蘭学の先駆者となった。弟子に前野良沢がいる。

六十九歳で書物奉行となり、亡くなるまで官僚学者として幕府の職にあった。風邪で亡くなった。

3、**本居宣長**　一七三〇〜一八〇一　国学者

『古事記伝』を著した国学者。その生涯のほとんどを市井の学者として生きた。六十歳で旅に出て、多くの学者仲間や、各地にいる弟子たちを励ました。その後も研鑽を積み、『古事記伝』を完成させたのは六十九歳だった。

相続や墓所、供養に関する詳細な遺言書をしたためたのちに亡くなった。

4、**上杉鷹山**（**治憲**）　一七五一〜一八二二　大名（米沢藩藩主）

→四三ページ参照。

5、**斎藤一**《はじめ》　一八四四〜一九一五　剣士、警察官

新撰組で、沖田総司、永倉新八と並ぶ剣の使い手だった。幕末動乱を生き残り、大正時代まで生きた。

新撰組の三番組隊長。戊辰戦争で官軍と戦うも、会津の戦いに敗れ、松平容保《かたもり》に説得され投降。容保に従い下北に行き、元会津藩士の娘と結婚し、藤田五郎と名を変える。三十

歳で東京に出て、警視庁に勤務、巡査となる。警部補に昇進し、西南戦争では抜刀隊の小隊長を務めた。最後は麻布署の警部となり、四十八歳で退職。

その後、東京高等師範の撃剣師範、会計係などを務め、市井に暮らした。胃潰瘍で亡くなった。

【七十二歳】

6、織田信雄《のぶかつ》　一五五八〜一六三〇　戦国大名、御伽衆

織田信長の次男も戦国乱世を生き残り、江戸の景色を見ている。

信長時代は伊勢を統治し、本能寺の変ののちは信長後継者の候補であった。しかし、羽柴秀吉が信忠の子、三法師（のちの秀信）を後継としたため、信雄は尾張、伊勢など百万石の領主となった。

賤ヶ岳の戦いでは秀吉に味方し、岐阜城を攻め、弟の信孝を自害させた。そののちは台頭してきた秀吉と対立するようになり、徳川家康と組み小牧長久手の戦いで秀吉軍と激突する。しかし、伊勢衆の裏切りと、秀吉軍の猛攻の前にあっけなく降伏、家康の梯子《はしご》をはずす形で、秀吉の軍門に降った。

秀吉政権下、尾張の一大名として、秀吉の戦に従軍。小田原征伐のあと、尾張から駿河への国替えを命じられたのを拒んだため、領地を没収され下野烏山《しもつけからすやま》に流罪となった。三十四歳で秀吉に許され、御伽衆となり、大和に一万八千石の領地を得た。

関ヶ原の戦いでは西軍に組したため、家康に領地を奪われ、大坂城に豊臣秀頼を頼り、扶持を得た。大坂の陣の前に大坂城を退去し、京に住んだ。

大坂の陣のあと、家康より上野国《こうずけ》に五万石の所領をもらう。二万石を四男信良に分与し、自らは京で隠居し、晩年は悠々と茶の湯三昧の日々を送った。没後、残りの領地は五男高長が相続した。

信良の系譜は出羽天童、高長の系譜は丹波に領地替えとなるも、明治時代まで大名として続いた。

7、三井高利　一六二二〜九四　商人

三井財閥の基礎をつくった商人。

高利は伊勢松坂の生まれ。兄が江戸で小間物と呉服の商売で成功したので、江戸に出て奉公するが、その頃はあまり商才がなかったので伊勢に帰る。江戸で貯めた資金で貸金業

をはじめ、やがて大名専門に金を貸して成功する。

五十二歳でふたたび江戸へ進出。兄の死で店を受け継ぎ、「現金掛値なし」の店頭販売というシステムをつくり成功する。これが三越の元祖の越後屋。また、江戸と大坂の金銀の行き来のコストがかかるのを解消するため、為替のシステムを提案し実践したのも高利だといわれている。こうして、のちに財閥となる三井の基礎をつくり上げた。

六十五歳で京で隠居。病がちになり、仏教信仰で晩年を過ごした。

8、**徳川光圀**　一六二八〜一七〇〇　大名（水戸藩藩主）、副将軍

↓四二ページ参照

9、**賀茂真淵**　一六九七〜一七六九　国学者、歌人

『万葉集』などを研究、自身も歌人として活躍した。前半生は市井の学者として生きた。江戸にて国学を講じ、多くの弟子を育てた。

五十歳で田安家に仕官。田安宗武の全面的な支援のもと、多くの著書を著した。

六十三歳で隠居。その後、伊勢に旅をしたおり、本居宣長の訪問を受け、『古事記』の

研究を託した。

10、**榎本武揚**　一八三六～一九〇八　旗本、軍人、官僚

五稜郭で戊辰戦争を戦った。官軍に敗れ降ったのち、その才能を買われて、明治政府の土台づくりに尽力した。

オランダ留学の経験もあり、幕末に幕府海軍の総指揮官となった。蝦夷共和国の設立をめざし、五稜郭で官軍と戦うも敗れた。二年半の投獄ののち、黒田清隆らの尽力で釈放となり、明治政府に出仕した。北海道の開拓に従事し、ロシアとの樺太国境の交渉にもあたった。

四十三歳で東京に異動、外務省を中心に官僚として活躍、駐清公使として天津条約の締結にも尽力した。帰国後、伊藤博文内閣、黒田清隆内閣で逓信大臣、その後も外務大臣、農商務大臣などを務めた。

六十四歳の時、盟友黒田清隆を見送ると、病気がちになり、六十九歳で官より退き、腎臓病で亡くなった。

【七十三歳】

11、沢庵　一五七三〜一六四六　僧侶
沢庵漬けの創始者として名を残す。諸説あり。

柳生宗矩・十兵衛親子とも親交があり、時代劇、時代小説にもよく出てくるキャラクターでもある。

大徳寺の首座となるも、紫衣《しえ》事件で幕府と対立し流罪となった。

赦免されたのが六十歳。徳川家光に乞われ、江戸で暮らすこととなる。江戸では柳生宗矩の屋敷に居候し、家光の求めで江戸城に出仕、家光のブレインとして活躍した。

その後、京へ戻るも、六十七歳で江戸に出る。家光が建立した品川の東海寺の初代住職となった。晩年は東海寺で過ごした。

12、天野屋利兵衛　一六六一〜一七三三　商人
「赤穂義士伝」の登場人物。実在の人物である。

泉州堺の廻船問屋の主人、大坂北浜にも支店があった。赤穂浪士のために、夜討ちの道具十三品を製造委託し、大石内蔵助にわたした。

講談では、利兵衛が浅野家の宝物庫の虫干しを見に行った時に、香炉がひとつなくなった。もしや利兵衛が盗んだのではと疑われると、利兵衛は「私が盗みました」といい、「返せば許す」という内蔵助に「落として壊した」と答えた。

後日、香炉は見つかり、盗んだのは利兵衛でないことがわかった。なんで盗んでもいないのに盗んだなどといったのかと聞かれた利兵衛は、「なくした」では担当の武士は切腹しなければならない。利兵衛が盗んだのなら、金で弁償すれば許してもらえる。人の命と金では命のほうが大事だといったという。

これを聞いた浅野長矩は感心し、天野屋を出入り商人とし、親交する。のちに天野屋の危難に大金を貸し助けた。このことを利兵衛は恩義に感じ、長矩が切腹したのち、赤穂城に駆けつけ、籠城の際にはともに戦うと志願した。内蔵助は「お前には別の戦い方がある。助けて欲しい」と、討ち入りの計画を話し、武器の調達を依頼した。

武器調達が大坂奉行所に露見し、捕縛され、「何に使うのか」と問われても知らぬ存ぜぬ。拷問を受けても語ることなく、「天野屋利兵衛は男でござる」といったというのは講談、浪曲でおなじみの場面。

討ち入りの時は四十二歳。講談では、討ち入り後に釈放され、妻子とともに京都で隠棲したとされている。六十八歳没説もある。

13、**伊能忠敬**　一七四五～一八一八　名主、地理学者

→一四三ページ参照

14、**良寛**　一七五八～一八三一　僧侶、歌人

僧侶であり、歌人としても有名。

越後の名主の子だったが、飢饉による餓死者や、食べるために盗人となった者に無常を感じて、故郷を捨てて出家する。

諸国行脚ののち、四十八歳で越後蒲原郡国上寺の五合庵に住む。六十歳で乙子神社の草庵に移り、執筆にあたった。寺の住職にはならず、常にわかりやすい言葉で庶民に仏の道を説いた。七十歳で長岡に住み、その後、亡くなった。良寛を看取った弟子の貞心尼が、良寛の死後、歌集をまとめた。

15、**津向の文吉**　一八一〇～八三　侠客

講談「清水次郎長伝」に登場する甲州の俠客。実在の人物である。武井の安五郎（吃安）や黒駒の勝蔵と、甲州の覇権をめぐり対立。

講談では、黒駒の仕掛けた罠にはまり、駿河の俠客、和田島太左衛門と対立したところを次郎長が間に入り、津向と和田島は和解した。これが次郎長の売り出しのきっかけとなる。そのことで、文吉は、吃安、黒駒との対立を深めていく。

とうとう津向と吃安は激突、日蓮宗の聖地、身延山を血で汚したとあっては幕府も黙ってはいず、文吉と吃安は捕縛された。吃安は新島に流罪となるが、島抜けをし、黒駒に匿《かくま》われるも、国分の三蔵の罠に掛かり石和代官所に捕らわれ、文久元年（一八六一）に五十二歳で獄死した。

文吉は絶海の孤島、八丈島に流罪となった。明治二年（一八六九）、五十九歳の時に赦免。晩年は、故郷の津向村で木賃宿を営み堅気として暮らした。

16、**清水次郎長**　一八二〇〜九三　俠客

→一六二ページ参照

【七十四歳】

17、**徳川家康**　一五四二〜一六一六　江戸幕府初代将軍
↓四一ページ参照

18、**林羅山**　一五八三〜一六五七　儒学者
朱子学を極め、徳川家康のブレインとなった。

儒学者として、家康、秀忠、家光、家綱の四代に仕えた。家光の時代に私塾も開き、多くの門人を育てた。

晩年も『神道伝授』『本朝神社考』などの執筆と、門人の育成にあたった。

19、**大田南畝**（**蜀山人**）　一七四九〜一八二三　狂歌師、官僚
↓一五八ページ参照

20、**鶴屋南北**　一七五五〜一八二九　劇作家
『東海道四谷怪談』『桜姫東文章』などの名作で知られる歌舞伎作者。まさに、化政期の

演劇をつくり上げた作家であるが、デビューは遅い。その活動のおもな時期が、晩年だった。

紺屋の若旦那だった南北は芝居好きで、狂言作者を志した。長く下積みを続け、立作者になったのは四十九歳だった。翌年、「天竺徳兵衛韓噺《てんじくとくべえいこくばなし》」が大ヒット。天下を狙う悪党、天竺徳兵衛が蝦蟇《がま》の妖術で暗躍、伏見城を海に沈めてしまう超大作。以後、次々にヒット作を生み、五十六歳で四代目鶴屋南北を襲名した。

亡くなるまで台本を書き続けた。

自分の葬儀にはあらかじめ、会葬者に配る「寂光門松後万歳《しでのかどまつのちのまんざい》」という外題をつけた笑いだくさんの冊子までこしらえていた。

21、タウンゼンド・ハリス　一八〇四～七八　アメリカの官僚

初代駐日アメリカ合衆国の弁理公使。下田において日米修好通商条約を締結した。「唐人お吉」の物語でも有名だが、クリスチャンでもあるハリスは、外国の女を凌辱したりは決してしていない。

ニューヨーク州出身、家が貧しく独学で、フランス語、スペイン語、イタリア語を学ん

だ。貿易商となり、東洋で活動。日本を平和的に開国させて、アメリカの貿易拠点にすることを目的に、駐日総領事に応募し任命された。

五十八歳で病気を理由に辞任し帰国。

晩年は公職には就かず、六十三歳でフロリダの保養地に住み、動物愛護団体の役員などを務めて、年金で優雅に暮らした。

【七十五歳】

22、織田有楽斎　一五四七〜一六二二　戦国大名、茶人

戦国大名でも江戸時代まで生き延びた人は何人かいる。毛利輝元七十二歳、伊達政宗六十九歳、上杉景勝六十七歳、福島正則六十三歳……。織田有楽斎は織田信長の弟だ。茶人としても知られる。

信長の時代には一軍を指揮し、武田軍と戦っている。本能寺の変では信忠とともに二条城にいたが、脱出し岐阜へ逃れた。小牧長久手の戦いでは徳川方に組したが、秀吉との講和に尽力した。関ヶ原では東軍に組し、石田軍に痛打を与え、大和などに四万石の所領を得た。大坂城にて豊臣秀頼を補佐。しかし、大坂の陣直前に大坂城を離脱。時に六十七歳。

その後は京に住み、隠居料一万石を得て、茶の湯の道に専念した。

23、**柳生宗矩**　一五七一〜一六四六　武芸者

武芸者なんていうのは長生きしないかと思うと、案外そうでもない。宮本武蔵六十一歳、塚原卜伝八十二歳、上泉《こういずみ》伊勢守六十九歳、柳生石舟斎七十九歳、柳生宗冬六十二歳、宝蔵院胤栄八十六歳、千葉周作六十一歳、五代目柳家小さん八十七歳……、勝ち残ると案外長生きなのか。

柳生石舟斎の息子で、徳川家康に仕えた。大坂の陣で秀忠を襲った敵七人をまたたくうちに倒したという。秀忠、家光に兵法指南役として仕え、六十一歳で大目付となり、六十九歳で一万石に加増され、大和柳生で大名となった。

晩年は柳生で、里の人々と暢気に過ごしていたらしい。江戸の屋敷で病に倒れ、家光が見舞いに来たが、そのまま亡くなった。

24、**隆光**　一六四九〜一七二四　僧侶

徳川綱吉に仕え、大僧正にまで出世した。

加持祈禱を得意とし、綱吉、その母桂昌院、柳沢吉保のもとで権勢をふるったため、時代劇などでは悪役として描かれることが多い。

綱吉が亡くなると、権威を失い、江戸城から退いた。

25、**加納久通**　一六七三〜一七四八　大名（若年寄）

テレビの時代劇「暴れん坊将軍」に出てくる「爺」のモデル。

紀州時代から吉宗に仕えた。吉宗が八代将軍になると、御用取次となり、大岡忠相らとともに吉宗を支えた。上野、下総に領地を与えられ、大名となった。

吉宗が西の丸に退いたのち、若年寄となり、亡くなるまで吉宗を支え続けた。

26、**大岡忠相**（越前守）　一六七七〜一七五二　官僚（江戸町奉行など）

講談「大岡政談」でおなじみ。講談では、天一坊事件などを解決。雲霧仁左衛門と死闘を繰り広げ、村井長庵、畦倉重四郎ら悪党を磔柱《はりつけばしら》に送り、「三方一両損」「縛られ地蔵」などの頓智裁きでも知られる。だが、悪党の処断や頓智裁きは講談の物語で、実際は官僚として徳川吉宗の享保の改革で活躍した。

五十九歳で寺社奉行、大名格となり、七十歳で三河に一万石の所領を得、大名となる。七十二歳で病を訴える。役職を退こうとしたが、翌年、吉宗が死去し、その葬儀の手配に働くが、忠相自身の体調もすぐれなかったという。吉宗葬儀ののち、しばらくして亡くなった。

27、上田秋成　一七三四〜一八〇九　作家

『雨月物語』の作者。近世を代表する作家としても評価は高い。のちの怪異談に影響を与えた。

紙油問屋の養子で、若い頃から放蕩を覚える一方、俳諧、国学を学ぶ。三十八歳の時、火事で破産し、医者になった。四十二歳で『雨月物語』上梓。その後は作家、国学者の道を歩む。

五十三歳で郊外（北大坂）に転居し、執筆に専念。五十六歳で左目失明、京に転居し、住まいを転々とする。六十四歳で右目も失明するが鍼治療で回復。その後も執筆や『万葉集』の注釈などを続けた。

晩年の暮らしは、わずかの貯えはあったものの、病にも苦しみ貧しかった。

28、塙保己一《はなわほきいち》　一七四六〜一八二一　国学者

盲人ながらも、国学者として活躍した。

七歳で失明。指で文字を覚え、学者を志し江戸に出る。検校のもとで鍼治療や音曲を学ぶが上達せず、貸金業も取り立てができなかった。しかし、国学、神学、漢学を学ぶに才を発揮し、極める。三十七歳で検校となり、和学講談所を開講し、国学を教える。五十九歳で盲人一座十老となり、亡くなる直前には総検校になった。

【七十六歳】

29、菱川師宣　一六一八〜九四　絵師

「浮世絵」の祖ともいわれる。美人画で有名。

本の挿絵でしかなかった絵を独立した印刷物の商品として確立させた。歌舞伎役者や市井の美女、風俗画を多く描いた。

六十六歳で井原西鶴『好色一代男』の江戸版の挿絵を描くなど、晩年まで活躍した。

30、堀部弥兵衛　一六二七～一七〇三　武士（赤穂藩士・江戸留守居役）

赤穂浪士の最年長者。堀部安兵衛は娘婿。

江戸留守居役を務めた。江戸留守居役とは、江戸屋敷の雑事全般の責任者であり、幕府や他藩との交流、情報交換などを行う重要な役職。他藩の留守居役と料亭などで会合をするので、赤穂藩の格だと江戸留守居役の経費はだいたい年間八百両（約八千万円）といわれていたが、弥兵衛は十五両（約百五十万円）しか使わなかった。密談などは嫌った堅物で、賞賛する人も多かったが、上役には煙たがられた。

安兵衛を婿に迎えた六十七歳の時、家督を安兵衛に譲り隠居した。堀部家の当主を安兵衛に譲り、安兵衛は赤穂藩の馬廻役となった。弥兵衛は堀部家当主の座は退いたが、江戸留守居役の任は引き続き務めた。

赤穂藩が断絶したあとは、安兵衛らとともに討ち入りの急進派として、江戸藩邸組を束ね、江戸に出て来た元赤穂藩士たちの面倒をみた。討ち入りでは表門に配置され、大石内蔵助を補佐した。細川家にて切腹。

赤穂浪士には、弥兵衛のほか、吉田忠左衛門（六十三歳）、間喜兵衛（六十九歳）、小野寺十内（六十一歳）、間瀬久太夫（六十三歳）、村松喜兵衛（六十二歳）と高齢者も多い。高齢者パワーが討ち入りを支えていた。

31、**渋川春海（安井算哲）**　一六三九〜一七一五　天文学者、囲碁棋士
貞享暦の作成者として知られる。

幕府囲碁方安井家に生まれる。数学、暦法を学び、正しい暦の作成に生涯を懸けた。四十五歳で幕府天文方、翌年、それまで京にいたが江戸麻布に転居。天文台や地球儀、天球儀をつくった。

晩年は息子に天文方を譲った。

32、**勝海舟**　一八二三〜九九　旗本、官僚
幕末に幕府側の主軸として活躍した。

ペリー来航のおり、海防意見書を提出し、幕府に登用される。条約締結の護衛艦、咸臨丸での渡米や、長州征伐の講和などを行った。そして、官軍の江戸攻めでは西郷隆盛と会談し、江戸城を無血開城した。時に四十五歳。

維新後、榎本武揚の家族を支援したほか、旧幕臣の生活支援にも尽力。明治政府でもさ

まざまな役職を歴任、前島密らを登用した。西南戦争では西郷に同情し、その死を悼み「城山」という漢詩をつくっている。

晩年は役職を退き、赤坂氷川町に住み、『海軍歴史』『陸軍歴史』などの編纂にあたり、『氷川清話』を口述執筆し出版した。脳溢血で亡くなった。

33、徳川慶喜　一八三七〜一九一三　江戸幕府第十五代将軍、写真家
徳川幕府の最後の将軍。

二十九歳で将軍となり、三十歳で大政奉還。鳥羽伏見の戦いで、軍艦で江戸へ退却。官軍の江戸侵攻に際しては、寛永寺大慈院に退いた。その後、水戸で謹慎するが、水戸は政情不安だったため、駿府へ移った。謹慎が解除されたあとは静岡の元代官屋敷に住んだ。これ以降、歴史の表舞台には登場しなかったので、老後のようなものになる。

静岡での慶喜は政治には関与せず、趣味に生きる。囲碁、能、洋画などを楽しみ、講釈師を自宅に呼び、講談をよく聞いたという。また、自転車をいち早く手に入れ、サイクリングにも出掛けた。五十歳頃からは写真に興味を持ち、写真家としても活動した。

六十歳で東京巣鴨の屋敷に転居。加齢とともに病の心配もあり、医療施設も多い東京へ

の転居となったらしい。東京では、皇室とも交流した。さらに自転車で銀座などにも出掛けていたという。自宅でアイスクリームをつくって食べたりもしている。

六十四歳で小石川小日向の屋敷に転居。公爵に叙せられた。経済面では、渋沢栄一の興した企業のいくつかに投資をして、その配当などで裕福だった。また、渋沢の提案で自伝を口述、出版した。

七十三歳で公爵を辞し隠居。大正の声を聞いたのち、肺炎で亡くなった。

34、**永倉新八**　一八三九〜一九一五　剣客

新撰組二番組隊長も、幕末動乱を生き残り、長生きした。

鳥羽伏見の戦いのあと、江戸に敗走。近藤勇らと袂を分かち、北関東で官軍と戦うも敗戦が続く。会津降伏を聞き、江戸に戻り、その後、蝦夷へ渡り松前藩の厄介になった。

そこで藩医の娘と結婚、杉村治備《はるのぶ》と改名し松前で暮らす。そして小樽に転居し、刑務所の看守に剣術を教える。一度、東京へ出て、牛込で剣術の道場を開くも、六十歳で小樽に戻る。

その後は小樽で、時おり剣術を教えながら、穏やかな晩年を過ごした。大正の声を聞き、

骨膜炎と敗血症で亡くなった。

【七十七歳】

35、**中野碩翁**　一七六五〜一八四二　旗本

江戸時代後期に幕府を裏から支えたフィクサー（裏社会の調停役）的な存在。当然、時代劇では悪の黒幕として登場する。

三百俵の徒頭の家に生まれるが、才覚があり、着実に出世をした。養女のお美代を将軍家斉の側室とし、家斉の側近としてのし上がり、五十七歳で、五百石の知行を得た。

六十五歳で隠居し、剃髪、向島に居を構えた。隠居後も家斉の側近として登城、ために碩翁のもとへ陳情に来る者はあとをたたず、莫大な賄賂を得て、贅を尽くした日々を送った。世に「天下の楽しみを先んじて行う三翁」の一人と数えられた。

しかし、家斉が亡くなると権力を失い、天保の改革がはじまると、領地を没収され、向島の屋敷は取り壊された。失意のうちに、翌年に亡くなった。

36、**鳥居耀蔵**　一七九六〜一八七三　官僚（江戸南町奉行）

時代劇では悪役として描かれることが多い。蛮社の獄で高野長英らを捕らえたことや、遠山の金さんが北町奉行の時の南町奉行のため敵役というイメージが強い。

蛮社の獄は、単に蘭学を廃したわけではなく、耀蔵自身は軍事などの面では蘭学を認めており、江川太郎左衛門らとは親交もあったという。

水野忠邦の天保の改革を支え、官僚として辣腕をふるった。

水野忠邦が失脚すると、耀蔵も改革失敗の責任から、讃岐丸亀藩に預けられ、明治維新まで軟禁された。軟禁されつつも、丸亀藩士に学問を教え、近隣の住民には医療行為を行ったりもした。丸亀では多くの人たちに慕われた。

明治維新で恩赦を受け、東京へ転居。時に七十二歳。一時、駿河に住むが、ふたたび東京に移り、知人と昔語りをしながら晩年を過ごした。子や孫に看取られて、幸福に亡くなった。

37、河竹黙阿弥　一八一六～九三　劇作家

幕末から明治期に活躍した歌舞伎作家。「白浪五人男」「三人吉三」など、今日でもよく上演されている世話歌舞伎を多く執筆。「明治の近松」「日本の沙翁（シェイクスピア）」と

呼ばれた。

河竹新七の名で歌舞伎を書いてきたが、明治時代以降、活歴ものや散切《ざんぎり》もの（西欧化を目論んでの、歴史劇や現代劇）を書くのがだんだん嫌になり、六十五歳で引退を宣言、黙阿弥は隠居名になる。

だが、その後も歌舞伎台本を亡くなるまで書き続け、「河内山」「魚屋宗五郎」などの名作を残した。脳溢血で亡くなった。

【七十八歳】

38、**伊藤仁斎**　一六二七～一七〇五　儒学者
『論語』を最上至極宇宙第一の書と讃え、孔子、孟子の思想を教えた。

六十歳近くで再婚し、四男一女をもうけた。ちなみに前妻との間にも一男二女がいる。最後の子は六十八歳の時だった。

39、**霊元天皇**　一六五四～一七三二　第一一二代天皇
徳川四代将軍家綱の時代で、朝廷と幕府が権力争いをしていた渦中の天皇。歌人、画家

としても活躍した。

九歳で即位し、三十三歳で退位、上皇となった。退位後は、幼い東山天皇に代わって院政を行い、仙洞《せんとう》様と呼ばれ、仙洞御所に朝廷とは別に政治機関を置き、権力をふるった。そのため幕府とはたびたび対立した。しかし、六代将軍の家宣没後、幼い七代将軍に後ろ盾の欲しい幕府は霊元を頼り、霊元は七代将軍に家継の名を与えた。院政は三代の天皇にわたって行われた。

五十九歳で出家、法皇となった。

六十一歳で院政を終了、政治から退いた。

40、**根岸鎮衛**（肥前守）　一七三七〜一八一五　官僚（江戸南町奉行）

南町奉行を務めた一方、『耳嚢』という世間話を集めた随筆を著した。大岡忠相、遠山景元は講談で有名だが、根岸鎮衛は近年の時代小説にたまに登場する。

旗本の三男として生まれた。親が跡継ぎのいない根岸家の御家人株を買い、鎮衛が根岸家の家督を継いだ。勘定所に任官し、官僚として出世。四十二歳で勘定吟味役、松平定信に買われて、五十歳で勘定奉行、六十二歳で南町奉行となり、以後、十八年にわたって在職した。

下級官吏出身であるから世情に通じ、大岡、遠山らと並び、庶民の味方というイメージがある。

41、**銭屋五兵衛**　一七七四～一八五二　商人

加賀藩の御用商人で、ロシアとの密貿易を行っていたことでも知られる。先祖は朝倉家に仕え、加賀で前田家のもと、御用商人となった。五兵衛の代に海運業をはじめ、加賀藩への献金の見返りとして密貿易の許可を得た。自らが蝦夷地や朝鮮、香港まで出向き、ロシアやアメリカともわたり合った強者である。加賀藩の商船も管理し、富と名声を得た。

しかし、晩年、河北潟の開墾事業を請け負った際、工事が難航、低賃金で雇った労働者たちと対立、毒を流したと訴えられて捕縛され、獄死した。その後、銭屋の財産は没収され、銭屋は潰れた。

密貿易と獄死という最期から、悪徳商人のイメージがある一方、鎖国時代に禁を犯してでも国際的に活躍した人物として、近年は評価も高い。「銭屋五兵衛百万石」と演歌にも歌

われている。

【七十九歳】

42、**大久保彦左衛門**　一五六〇〜一六三九　旗本（天下のご意見番）

講談でおなじみ。

徳川家康に仕え、長生きし、三代将軍家光にまで仕えた。天下のご意見番として、世の中に不正があれば、将軍にも意見をしたという。旗本の長老として多くの徳川家の直参から慕われていたために、多くのエピソードが綴られたのだろう。

七十五歳の頃より、徳川家における大久保家の功績を記した『三河物語』を執筆した。子分の魚屋、一心太助を従えて活躍するのは、河竹黙阿弥の創作だが、昭和の時代劇映画でおおいに知られる。

43、**烏亭焉馬**《うていえんば》　一七四三〜一八二二　戯作者、大工の棟梁

「噺の会」の主宰者で、落語の登場に深く関わった。立川焉馬、談洲楼焉馬などを名乗る。

大工の棟梁の家に生まれ、親の跡を継ぐも、大田南畝や山東京伝、式亭三馬、鶴屋南北

らと親交。江戸の文化人たちの集い「噺の会」を、向島の料理屋、武蔵屋で主宰。面白い話のつくり方マニュアル本、『落噺六儀』を著した。「噺の会」で初代三笑亭可楽ら噺家や、狂歌師、戯作者を多く輩出した。

化政期の落語ブームのはじまりを見てから亡くなった。


【八十歳】

44、**前野良沢**　一七二三〜一八〇三　医者、蘭学者
杉田玄白らとともに『解体新書』を翻訳、日本の医学の発展に貢献した。中津藩の藩医を務めながら蘭学に勤しむ。

晩年は眼病などに苦しみながらも、生涯にわたり勉学を続けた。


【八十一歳】

45、**隠元**　一五九二〜一六七三　明の僧侶
黄檗《おうばく》宗の祖。隠元豆に名を残した。煎茶道の開祖でもある。

二十八歳で出家し、黄檗山の主《あるじ》を務めた。

六十一歳の時、興福寺の招きで来日。興福寺には隠元を慕う僧侶、学生が千人以上集まった。隠元の影響力を恐れた幕府により寺に軟禁されるが、四代将軍家綱との会見が叶い、許されて、黄檗山万福寺を開いた。

以後、後水尾法皇はじめ、大名、豪商の多くが隠元に帰依した。

亡くなる時は、数ヶ月前から身辺を整理。後水尾法皇から「大光普照国師」の称号を受けたのち、静かに亡くなった。

46、**滝沢馬琴**　一七六七〜一八四八　作家
『南総里見八犬伝』の作者として知られる。

三十歳の頃より作家として活動。『南総里見八犬伝』は四十七歳から二十八年を費やして執筆した大作である。

六十七歳で目を病みはじめ、七十三歳で失明。息子の嫁、お路が口述筆記をした。『南総里見八犬伝』を書き上げ、さらに『傾城水滸伝』などの執筆を続けていたが完成を見ずに亡くなった。

馬琴の細かな生活に関しては、お路の日記が残っている。

47、**大前田英五郎**　一七九三〜一八七四　侠客

上州を縄張りとした大親分。

父も兄も博打打ちで、若い頃はやくざ者の抗争で何人もの敵を殺傷している。

その後は上州の大親分として睨みを利かせた。国定忠治でさえも英五郎には頭を下げたという。

明治元年、七十五歳で隠居。鶏を飼って静かに暮らした。風邪で亡くなった。

【八十二歳】

48、**寺坂吉右衛門**　一六六五〜一七四七　足軽

赤穂浪士の一人。討ち入りのあと、大石内蔵助の命令で離脱、瑶泉院（浅野長矩の妻）、芸州広島（浅野本家）、但馬《たじま》の石束家（内蔵助の妻の実家）に討ち入りの報告に走った。講談「二度目の清書《きよがき》」は、寺坂が但馬で討ち入りの様子を語る話であり、講談の真打ネタである。

吉田忠左衛門配下の足軽。討ち入りでは、堀部安兵衛、赤埴源蔵らとともに裏門の突入

部隊に属した。討ち入り後は、吉田忠左衛門の身内に仕えた。晩年は麻布の寺で寺男を務めていたらしい。
義士唯一の生き残りであるため、証言者として多くの時代小説に登場する。

49、**近藤富蔵**　一八〇五〜八七　民俗学者

八丈島の生活風習を克明に記した『八丈実記』は、柳田國男や折口信夫、小説家の井伏鱒二らにも影響を与えた。

旗本で蝦夷地を探検した近藤重蔵の長男で、旗本の家督を継ぐも、二十一歳の時、隣人七名を殺害し、八丈島に流罪となる。

八丈島で『八丈実記』を執筆したほか、島民に読み書きも教えた。また、佐原の喜三郎や津向の文吉ら流人の博徒とも親交した。佐原の喜三郎の島抜けにも関与したと思われる。

明治十三年（一八八〇）、七十五歳で赦免、父の墓参ののち、ふたたび八丈島に渡り、生涯を過ごした。

50、**千葉定吉**　一七九七〜一八七九　剣客

千葉周作の弟で、坂本龍馬の剣の師でもある。

兄の玄武館の創設、運営に協力。のちに自らの道場を開いた。道場が桶町にあったところから「桶町千葉」、または千葉周作の弟であるから「小千葉」と呼ばれた。

実際に剣の達人で、老いても腕に年は取らせていなかったという。

長男千葉重太郎、次女千葉さなも剣客として活躍した。

【八十三歳】

51、**宇喜多秀家**　一五七二〜一六五五　戦国大名、流人
戦国武将で関ヶ原の戦いに敗れ、八丈島に流されるも、島で約五十年を過ごし高齢で亡くなった。

備前岡山の戦国大名、宇喜多直家の子で宇喜多家を継ぐ。豊臣秀吉の養子として大坂城に住み、前田利家の娘、豪姫を娶《めと》った。秀吉の戦闘に従軍し、朝鮮の役では、朝鮮に渡り武功を上げた。帰国後、豊臣政権五大老の一人となり、政権の中枢を担った。

関ヶ原の戦いに敗れ、伊吹山を逃走、さらには京に潜伏したのち、薩摩に逃れて島津家に匿《かくま》われた。島津家から家康に引きわたされるが、島津と前田から助命願いが出され、秀

家は八丈島に流罪となった。

流罪にあたり、宇喜多の姓を浮田と改めさせられた。講談「宇喜多秀家」では、八丈島に漂着した福島正則の家臣が秀家に酒をふるまうエピソードが語られている。そのくらい、秀家の八丈島での暮らしは貧しかった。

その後、豪姫の実家の前田家から一年おきに七十俵の支援を受け、暮らしぶりはよくなった。秀家の子孫は八丈島で暮らし、それは明治時代まで続いた。その後、赦免されて東京に住むも、ふたたび八丈島に戻った。

八丈島の海岸には、関ヶ原の戦い以降、会うことがなかった秀家と豪姫の石像が建っている。

52、進藤源四郎　一六四七〜一七三〇　武士（足軽頭）

赤穂浪士の討ち入りに加わらず、生き延びた者の一人。

大石内蔵助とは親戚で、屋敷も大石家に近く、内蔵助とは仲がよかった。赤穂藩の重臣の一人で刃傷事件後、内蔵助に従い、腹心としてともに山科に住む。

元禄十五年八月に大石のもとを離れた。一説には、大石が討ち入りに失敗した時の別働隊を指揮、あるいは、旧赤穂藩士や討ち入りした浪士の家族の生活支援をしていたともいわれている。のちに出家している。

講談、浪曲にはあまり登場しないが、近年の時代小説では重要な役割を担うことが多い。講談、浪曲「大石山鹿護送」に、臆病者の近藤源四郎としてコメディリリーフで登場する。また、歌舞伎「東海道四谷怪談」にも、民谷伊右衛門の母の再婚相手、近藤源四郎として登場、巡礼となり、最期は縊《くび》れて（首をくくって）死ぬ。

近藤となっているのは、歌舞伎の大石内蔵助が大星由良之助になっているのと同じに改名されたものであろう。


【八十四歳】

53、**後水尾天皇**　一五九六〜一六八〇　第一〇八代天皇
江戸時代初期の天皇。記録が残っている歴代天皇の最高齢。

父であった後陽成天皇の意思に反し、徳川家康により擁立されたため、後陽成上皇とは不仲だった。また、幕府との権威争いから、常に対立を繰り返した。

三十三歳で退位し、以後、四代にわたる院政を行った。

54、**貝原益軒**　一六三〇～一七一四　医者、儒学者
→一二八ページ参照

55、**杉田玄白**　一七三三～一八一七　医者、蘭学者
『解体新書』の翻訳、『蘭学事始』の著者として知られる。

小浜藩の藩医であり、江戸で町医者も開業し、オランダ医学を実践した。平賀源内や中川淳庵らと交流し、江戸に蘭学コミュニティを形成した。

七十四歳で隠居。晩年は『蘭学事始』の執筆にあたった。


【八十九歳】
56、**葛飾北斎**　一七六〇～一八四九　絵師
「富嶽三十六景」『北斎漫画』で知られる絵師。

貸本屋の丁稚から絵の道へ進む。狩野派などの絵を学び、黄表紙の挿絵画家などを経て、三十九歳より美人画絵師として活動。絵は高額で売れたが、金に無頓着だったため、いつ

も貧乏だった。金もうけでなく絵を描くことだけが、北斎の生き方だった。
「富嶽三十六景」を手掛け、「画狂老人」を名乗った。生涯絵を描き続けた。

【九十一歳】

57、**渋沢栄一**　一八四〇〜一九三一　商人、旗本、実業家

近代日本の資本主義の礎をつくった人物。

深谷の豪農に生まれ、幕末動乱の時代、江戸に出て、まず討幕の志を抱いた。しかし、活動に行き詰まり一橋慶喜に仕え士分となった。慶喜が十五代将軍となったので幕臣となり、徳川昭武の供として赴いたパリ万博では、近代社会のあり方を学んだ。

帰国後は明治時代になっていたため、静岡藩から明治政府へ出仕、官吏として明治政府の基礎づくりを担った。三十三歳で設立を指導した第一国立銀行の総監役となり、以後、銀行を次々に設立、さらに製紙、生糸、ガス、造船、印刷、保険、鉄道などさまざまな事業を興した。

七十歳で事業からは引退し、教育、福祉、医療などに力を注いだ。また、たびたび渡米して民間外交にも活躍した。

【百七歳】

58、天海　一五三六〜一六四三　僧侶

徳川家康の側近として活躍した僧侶。

前半生は不明。豊臣秀吉の小田原攻めの時に、家康の陣にいた。この時五十四歳。以後、家康の側近として、江戸の街の建設計画など、江戸幕府の基礎づくりに尽力、大坂の陣でも政治的に活躍した。

家康没後、秀忠、家光に仕え、東叡山寛永寺を設立した。

百歳の時、家光からもらった柿の種を持ち帰り、八年後に実った柿を献上したというエピソードがある。

前半生が不明のため、実は天海が明智光秀だった、という説などもある。もしも光秀なら、天海の没年齢は百十七歳になる。

二、女性の長寿十五人

【六十歳】

1、見性院（千代）　一五五七〜一六一七　山内一豊の妻

戦国武将で土佐の大名となった山内一豊の妻。

講談の「名馬十両」のエピソードでおなじみ。一豊が信長の家臣で、まだ微禄の武士だった頃、安土の馬市で名馬に出会う。名馬は十両の値がついていて一豊にはとても買えない。そこで妻の千代が嫁入りの時に持ってきた十両を一豊にわたし、一豊は名馬を手に入れる。おりから安土で、信長が馬揃えを行い、名馬に乗って参加した一豊の出世のきっかけとなる。

「名馬十両」の話から、貞女の鑑として、世に知られた。この話は実話ではないようだが、一豊との夫婦仲はよく、実際に千代は賢夫人であったため生まれた話なのだろう。

一豊亡きあと、京都で出家し、見性院を名乗り隠居。時に四十八歳。

2、豪姫　一五七四～一六三四　宇喜多秀家の妻

前田利家の四女で、宇喜多秀家の妻。

二歳で羽柴秀吉の養女となった。まだ織田政権下、安土城がつくられた頃で、利家と秀吉は信長家臣団のなかでも仲がよかった。

秀吉のもと、姫路城で暮らし、十二歳で、十四歳の宇喜多秀家に嫁いだ。政略結婚だが、夫婦仲はよかった。豊臣政権下では、伏見、大坂などで暮らした。

関ヶ原の戦いで、秀家と二人の息子は八丈島に流罪となった。以後、豪姫と秀家は会うことはなかった。

豪姫は高台院（秀吉の正妻）に仕え、キリシタンの洗礼を受けた。四年後、前田家に引き取られた。時に三十三歳。

前田家から千五百石の化粧料をもらい、晩年は金沢西町の屋敷で暮らした。

3、絵島　一六八一～一七四一　大奥年寄

大奥を震撼させた「絵島・生島事件」の当事者。

旗本の養女となり、甲府徳川家に仕えた。徳川家宣が六代将軍になると、大奥に入り、

家宣側室の月光院に仕え、年寄となった。

歌舞伎役者、生島新五郎との密通を疑われ、信州高遠に流罪となった。これが「絵島・生島事件」である。時に三十三歳。

高遠では座敷牢のようなところで監禁され、食事は一汁一菜で一日二回、酒や菓子は禁止、衣服は木綿ものと決められ、残りの人生はただ経を読んで暮らした。

月光院が助命を願ったとはいえ、死罪を免れ、生島新五郎も死罪でなく三宅島へ流罪になったことから、冤罪の可能性も高い。

【六十一歳】

4、上杉富子　一六四三〜一七〇四　吉良義央の妻

「忠臣蔵」の敵役、吉良義央の妻。上杉定勝の四女、もともとはお姫様。

十五歳で吉良義央に嫁いだ。二男四女を産み、長男綱憲は上杉家の養子となり、上杉家を継いだ。長女は島津家、三女・四女は旗本に嫁いだ。次男・次女は早世。

刃傷事件のあと、義央が本所の屋敷に移されると、富子は上杉家の下屋敷に住んだ。義央が討ち入りを警戒してのことだといわれている。

討ち入りのあと出家し、梅嶺院となり、夫の菩提を弔ったが翌年には亡くなった。

【六十三歳】

5、浅井初（常高院）　一五七〇～一六三三　京極高次の妻

戦国大名、浅井長政の次女。長女は淀君、三女は徳川秀忠の正室、江《ごう》（崇源院）で、浅井三姉妹の真ん中の娘。

浅井家滅亡のあとは、母お市、姉妹とともに織田信包《のぶかね》（信長の弟）のもとで暮らした。本能寺の変ののち、お市が柴田勝家の妻となり、ともに越前北ノ庄（現在の福井）へ移った。

北ノ庄落城後、三姉妹は織田信雄（信長次男）のもとで暮らした。十七歳で、京極高次に嫁いだ。京極家は元北近江の守護で浅井家の主筋。高次は関ヶ原で、西軍に就くとみせて東軍に就き、大津城で西軍を足止めした功で若狭小浜八万石を得た。

高次没後、出家し常高院となる。時に三十九歳。

豊臣秀頼の母の淀君と、徳川秀忠の妻の江の間で、仲介に奔走したが力及ばず。大坂夏の陣のあとは、秀頼の娘の助命に奔走した。一説に初が娘を長持に隠して大坂城から脱出

させたともいわれている。娘は天秀尼となり、駆け込み寺で有名な東慶寺を開いた。
大坂夏の陣ののちは、江戸の京極藩邸で晩年を過ごした。妹の崇源院とはよく会って話をしていたという。

【六十四歳】

6、春日局　一五七九～一六四三　徳川家光の乳母

明智光秀の腹心、斎藤利三の娘。母は美濃の国人で、織田家臣団の一人、稲葉一鉄の娘。元の名前はお福。

本能寺の変ののち、母方の実家の稲葉家へ引き取られた。ここで、書や和歌などの教養を身につけた。小早川秀秋の家臣で親戚筋にあたる稲葉正成に嫁いだ。

二十五歳で家光の乳母となった。このため稲葉正成とは離別したが、稲葉も関ヶ原の功と、お福の乳母就任で徳川家の旗本に取り立てられ、出世をしている。正成とお福の間の子、正勝が大名になり、老中にまでなった。

江（崇源院）のもとで大奥のシステムを構築、事実上の大奥の創始者である。家光の将軍就任には、弟の忠長を推す江らと対立、家康に直訴したという。

家光の威光で、朝廷より春日局の名と、従二位の官位を授かった。従二位は北条政子と同格の位だ。

五十五歳の時、息子正勝が亡くなり、幼い孫の正則の養育にあたった。正則は小田原十万石の藩主となり老中として家綱の政権を支えた。

春日局の死に際しては、家光が見舞いに来たエピソードも残っている。

【六十七歳】

7、石束りく　一六六九〜一七三六　大石内蔵助の妻

但馬豊岡京極家の家老、石束源五兵衛の娘。赤穂藩家老、大石内蔵助に嫁し、大石主税はじめ三男二女を産んだ。

討ち入り前に、内蔵助は、連座を避けるため、りくと主税以外の子を離別し、但馬に帰した。

討ち入り後は、石束家にて、四人の子供を育てた。次男、長女は早世したが、三男大三郎は芸州広島浅野家に仕官、次女も広島藩士に嫁した。

晩年は出家したが、浅野家から隠居料をもらい、豊かに暮らした。

8、**月光院**　一六八五〜一七五二　徳川家宣の側室
徳川家宣の側室で、家継の母。

父は元加賀藩士の僧侶。甲府宰相徳川綱豊の桜田御殿に出仕、綱豊の寵愛を受けた。

綱豊が六代将軍となり、家継を産んだ。賢夫人で、家宣を支えた。

二十七歳の時、家宣が死去、出家し月光院となった。家継が七代将軍。

三十一歳の時、家継は死去。吉宗の時代は大奥から吹上御殿に移り、政治に影響力を持った。

六十六歳で、吉宗の死を見届け、九代将軍に田安宗武を推した。


【六十九歳】

9、**千姫**　一五九七〜一六六六　徳川秀忠の娘、豊臣秀頼の正室、のち本多忠刻《ただとき》の妻
悲劇の姫である千姫が長命であったことは意外でもある。
徳川秀忠の娘、家康の孫娘。六歳で豊臣秀頼に嫁し、大坂城に入った。大坂夏の陣の時、
家康は助けた者に千姫を嫁すといい、坂崎直盛が業火のなかから千姫を救出する。だがこ

の時、直盛は耳を失い頬も焼け落ち、潰れたひょっとこの面みたいな顔になったため、千姫は嫁すのを拒み、説得に応じない直盛は柳生宗矩に処断された。

結局、イケメンの本多忠刻に嫁し、忠刻は姫路城主に抜擢、千姫には忠刻の所領とは別に化粧料十万石が与えられた。一男一女を産むが、長男は早世。

二十九歳の時、忠刻が死去。江戸城へ移り、出家して天樹院。娘は池田家に嫁した。

家光の姉として大奥に君臨し、家綱の時代まで発言力は強かった。

講談では、吉田御殿に住み、若い男を次々に凌辱し、殺した、というエピソードが残っている。


【七十歳】

10、**芳春院**（まつ）　一五四七〜一六一七　前田利家の妻
戦国武将で、加賀百万石の大名となった前田利家の妻。

織田家臣の娘で十二歳で前田利家に嫁した。二男九女を産んだ。

五十二歳の時、利家没。出家して、芳春院となった。翌年、前田家と徳川家の争いを避けるため自らが人質として江戸へ行った。関ヶ原の戦いのあと、四女豪姫の夫、宇喜多秀

家の助命に尽力した。

長男利長の死後、金沢に移った。六十七歳だった。晩年は金沢で過ごした。


【七十三歳】

11、**後桜町天皇**　一七四〇～一八一三　第一一七代天皇
現時点で、日本史上最後の女帝になる。

二十二歳で即位し、在位九年で譲位。上皇となったのちも天皇を支え、国母と呼ばれた。民衆に林檎を配ったことでも知られている。


【七十五歳】

12、**天英院**（**近衛熙子**）　一六六六～一七四一　徳川家宣の正室
父は関白、近衛基熙、母は後水尾天皇の十五女、常子内親王。十三歳で、甲府城主だった徳川綱豊の正室となり、江戸の屋敷に住んだ。一男一女を産むが早世。

綱豊が六代将軍となり家宣となると、大奥に入り、御台所となった。

家宣没で出家し、天英院となるも、家宣の遺言で、幼い七代将軍、家継の後見となり、

朝廷から従一位の官位を賜った。吉宗時代も大奥に留まり、権勢をふるった。没後、正一位が追贈された。

【七十六歳】

13、**楠本イネ（オランダおイネ）**　一八二七〜一九〇三　医者

ドイツ人医師シーボルトの娘。

イネが二歳の時、シーボルトは国外追放となる。シーボルト門下の二宮敬作から医学を、その後も村田蔵六（大村益次郎）らに学び、幕末には長崎のオランダ人医師から産科を学んだ。三十二歳の時、来日したシーボルトと再会した。

明治四年（一八七一）、四十四歳で、東京にて開業医となった。その後、長崎で産科医として活動した。

六十二歳で隠居し、晩年は東京で暮らした。

【七十八歳】

14、**桂昌院**　一六二七〜一七〇五　徳川綱吉の母

三代将軍家光の側室、五代将軍綱吉の母として権勢をふるった。女性の最高官位従一位を授かる。

講談では八百屋の娘で、本名はお玉。大奥に上がり、湯殿で家光の手がつき、側室となる。桂昌院の名のお玉から、女性が社会的に地位のある男性と結婚し、その地位を向上させていくことを「玉の輿に乗る」というようになった。

二十四歳で家光が死に、大奥を離れ剃髪。五十三歳で綱吉が将軍となり、江戸城三の丸に居を移す。桂昌院の威光で、一族の者は出世をした。

【八十一歳】

15、浄鏡院（お豊）　一七四一〜一八二二　上杉鷹山の側室

上杉綱憲の孫にあたる。ということは吉良義央のひ孫である。

二十九歳で、上杉家の養子、治憲（のちの鷹山）の側室となった。

治憲の正室、上杉家の姫は、知能の発育障害があった。治憲は姫とお人形遊びなどはしていたが男女の交わりはなかったといわれている。

そこで、お豊が側室として米沢城に上がった。治憲より十歳年上であったが、治憲を支

え、改革にも助言をした。養蚕の促進のため農家の女たちを指揮し、自身も絹を織ったという。

治憲との間に二男を産んだ。

治憲が隠居し、鷹山となったのちは、城を出てともに隠居所で暮らした。

あとがき

六十歳を過ぎると足腰が痛い。医者に行ったら、「六十歳過ぎたら、痛いのが当たり前、我慢しろ」といわれた。あー、そうなのか。まわりの人に聞くと、「うん、痛い」という人もいれば、「そんなでもない」という人もいる。

「日頃鍛えていないからいけないんだ」という人もいれば、「七十歳過ぎたら、もっと痛くなるよ」と脅してくる奴もいる。

足腰は痛いし、目は悪くなる。文庫本の字なんて読めやしない。だが、よくしたもので、新刊本の活字はでかくなった。文庫本も新書本も、年寄りに優しい。だから、この本も買ってください。すらすら読めると思います。

昔の人は隠居とか引退とかせずに、死ぬまで職務を全うする人が多かった。

隠居すると二、三年で死んじゃう人が多い。まぁ、なんか病気があって、しんどいから隠居したのかもしれない。

意外と短いんだ。七、八十年くらいの人生は……。知り合いのヘビースモーカーの作家が、まだ書きたいものがあるからと、ピタッと煙草を止めた。いささか遅いのかもしれないが、七、八十年じゃ、まだまだやり残したことは多いのかもしれない。

筆者も、まだまだ書きたいものがあるから、もうしばらく足腰が痛いのも我慢して、いろんなものを書いていきたい。よろしくお頼み申し上げます。

平凡社新書編集部の和田康成さんには、たいへんご尽力いただきました。読んでいただきました皆様にも感謝です。

二〇二三年三月

稲田和浩

【著者】
稲田和浩（いなだ かずひろ）
1960年東京都生まれ。大衆芸能脚本家（日本脚本家連盟演芸部副部長）、作家、ライター、文京学院大学外国語学部非常勤講師（日本文化論、芸術学）。おもに落語、講談、浪曲などの脚本、喜劇の脚本、演出を手掛ける。著書に『食べる落語』（教育評論社）、『浪曲論』（彩流社）、『にっぽん芸能史』（映人社）、『そんな夢をあともう少し』（祥伝社文庫）、『落語に学ぶ大人の極意』『水滸伝に学ぶ組織のオキテ』『江戸落語で知る四季のご馳走』『江戸のいろごと』（以上、平凡社新書）などがある。

平凡社新書１０２６

落語に学ぶ老いのヒント
長い老後をいかに生きるか

発行日——2023年4月14日　初版第1刷

著者———稲田和浩
発行者——下中美都
発行所——株式会社平凡社
〒101-0051 東京都千代田区神田神保町3-29
電話 (03) 3230-6580［編集］
(03) 3230-6573［営業］
印刷・製本—図書印刷株式会社
装幀———菊地信義

ISBN978-4-582-86026-9
平凡社ホームページ　https://www.heibonsha.co.jp/